嘘はつかない、約束は守る

第2集

年をとるから見えるもの

弁護士
萬年浩雄

LABO

はしがき

本書は、帝国データバンクの帝国ニュース（九州版）に毎月2回連載していた「弁護士事件簿」の一部を加筆修正して収録したものである。この連載は、２０２１年9月末で終了したが、約30年間の連載であった。

私も弁護士生活を40年経験すると、色々な人間模様に出会ってきた。弁護士業は人を見る仕事ではないかと思い、まずは人の顔をじっくり見て、この人は私に真実を語っているのか、この事件の真相は何か、誰の私欲でこの事件は発生したのかと総合的に考えることが多くなった。人間の悪性を見ると、弁護士稼業に嫌気も差してくる。また、私も加齢によって人間性や事件性の見方も変わってきた。「年をとって初めて見えてくる」という諺が実感として理解できるようになった。昔から「信用第一」と言われているが、若い頃は観念的には理解しているが、腹にストーンと理解できるのではない。それを腹の底から実感できたのは私が45歳の時であった。そうすると、若い頃と違って種々見えてくるようになった。そういう想いを「弁護士事件簿」に書いてきた。帝国データバンクが私の原稿をフリーパスで掲載してくれたので、約30年間の連載となった。本書第1集のはしがきにも書いたが、この「弁護士事件簿」の連載記事を既に4冊の本にしている。うち2冊、すなわち『人を動かす「人間力」の磨き方』（民事法研究会、２００９）と『熱血弁護士の事件ファイル1～企業再生編』（三和書籍、２０１１）の編集担当者であった渡邊豊氏（現・出版社ＬＡＢＯ編集部部長）の勧めで、今般『嘘はつかない、約束は守る』シリーズとして、更に2冊の本（『嘘はつかない、約束は守る　第1集「１９６８」私の立ち位置』、『嘘はつかない、約束は守る　第2集　年をとるから見えるもの』）の出版となった。渡邊氏には多大な感謝の念を抱いている。また、このような長期間にわたる連載をさせてもらった帝国データバンクにもこの場をお借りして厚く感謝申し上げる。

本書が多くの方々に読まれて、いささかなりとも社会のお役に立つことができれば、望外の幸せである。

令和3年12月吉日

弁護士　萬　年　浩　雄

目次

第2章 弁護士業務というもの

第3章 萬年弁護士が吠えるとき

第4章 萬年浩雄とはどういう人間なのか

第7章 刑事事件で思うこと

第8章 年をとると見えてくるもの

第9章 労働問題の処理はかくあるべし

第1章

オーナー社長はどうあるべきか

一　オーナーの専横

経営者の個性

オーナー企業では往々にして、オーナーが専横ぶりを発揮することが多い。私はその専横が良い方向に働けばそれでもいいと思っている。オーナーはその企業のいわば王様であり、組織を活用して自分の夢を実現するために努力しているからである。それを別の言葉で表現すれば「経営者の個性」ということだ。

人間は皆個性を持っている。個性が強い人ほど「個性的」と評されるが、他人と違う個性を持たない限り、その人は目立たないであろうし、企業の独自性も発揮できないだろう。個性的であるからこそ世間はその人の独自性を認めて取引をする。問題はその個性の良し悪しである。但し、その個性を嫌う人なら二度と取引をしてくれないのが世間の常でもある。

社長の人柄

それは経営者個人ばかりではなく、組織にもいえることだ。組織はそのボスの性格が如実に反映されるからである。私の顧問会社の社長が自宅を新築した際に、新築祝いとして絵をプレゼントしたことがある。デパートの外商の担当者がその会社に絵を届けに行くと、従業員が全員立ち上がって「いらっしゃいませ」と挨拶をした。その担当者は「従業員の教育が行き届いているから、きっとこの会社は成長する」と確信し、社長にデパートの超得意様カードをつくるように勧めたという。社長はそのカードの価値がわかっていなかったため、私は社長に「このカードは行列してても手に入れることができないものだ。貴方は選ばれたのだ」と言うと、初めて社長はカードの社会的価値を理解した。私はこの外商の担当者の話を聞いたとき「やはり世間の評価は皆同じだ」と痛感したものである。

私の独断と偏見ではあるが、この社長は若い頃番長を張っていたと思う。社長本人には確認をとっていないが、私は、社長の部下を想う人柄、組織を動かす発想や術が明らかに他人とは違うと若い頃から見抜いていた。私は社長に会う度に「貴方は地頭がいい。九州一になるとかケチなことを言うべきではない。日本一を目指せ。貴方ならきっとなれる」と激励してきた。部下も「うちの社長は素晴らしい。頭がいいうえに部下の面倒見も良い」と絶賛する。やはり皆評価は同じなのだ。

オーナー企業のオーナーは専横でいい。それが正しい方向に向かうように日々努力しつつ、仕事に精励すれば良い。私は多くの経営者と会う度にそう思ってきた。人間力がない経営者では組織が停滞し、将来性もない。私はオーナー企業のオーナーはどんどん専横になればいいと思う。但し、オーナーには従業員や取引先に対する責任があるから日々精進せよと言いたい。

オーナー社長は孤独

経営者は通帳をひとり眺める

社長は常に決断を迫られ、ひとりで悩み苦しんで決断をしなければならない。大企業であれば優秀な参謀がいて彼らと打ち合わせて、協議し決断することができるが、中小企業では社長ひとりで決断することが多く、その意味では「オーナー社長は孤独」である。

私は中小企業の社長によく、「貴方は部下がみな帰った後で、経理部課長の机の引き出しを開けて自社の銀行通帳をそっと見ていますか。今月の給与や仕入先の代金支払いが大丈夫かチェックしていますか」と尋ねる。おおかたの社長は実践していると答えるが、零細法律事務所を経営している私でさえ、ときどき事務長の机の引き出しにある通帳を見て、今月の給料や家賃等が支払えるかチェックしている。オーナー社長は常に資金繰りや経営について悩み、判断しているのである。

自分の頭で考える

経営者はセミナーなどに出席してさえいれば勉強していると錯覚しているが、経営については哲学や戦略戦術を自ら構築する必要があり、他人の受け売りばかりではダメである。評論家やコンサルタントは一見まともな意見を言っているようだが、それが自社の経営に役立つのかを経営者は熟考する必要がある。

「接客術」と称して元客室乗務員を講師に招いて講演をお願いしているところがあるが、私がいつも思うのは、自分の会社の顧客との接客術に合致しているのか疑わしいということである。一般的な接客術を聞いて自社の接客術に本当に応用できるかは極めて疑問だ。銀行がそうした講演会を主催していることがあるが、その銀行のレベルがわかるというものだ。やはり経営者は自分の頭で考えて組織の運営術を構築しなければならない。単なる第三者の知識の受け売りでは経営者本人は勿論のこと、従業員教育にも役に立たない。しかし、実はこういう経営者が多いのが実態である。

私が敬愛する経営者には、常に自分ひとりで考えて哲学や経営の戦略戦術を構築している人が多い。そして時々私に自分の考えを披露してチェックしている。これを実践している社長に成功している人が多く、年齢には関係がない。

このようにオーナー企業の社長は日々決断を迫られており、孤独な稼業であると思う。毎晩飲みに行ったり、遊びに興じたり、儲け話にすぐ乗るような人は、自分の頭で考えないので遅かれ早かれ失敗する。私はそういう失敗例を多く見てきたから、まずは自分の頭で考えて哲学や経営の戦略戦術を練るようにと常に指導しているが、それがわからない人も多い。やはり経営者には地頭の良くて人の意見を素直に聞く人が求められているのだ。

一 オーナーの遺言書

超ワンマン経営者でも弱気になる

同族会社の社長はだいたい超ワンマン経営をしている。長兄が社長をしているときは、実弟といえども長兄には逆らうことはできない。ましてや10歳前後離れている弟は、社長の感覚では弟ではなく子供に等しい。

超ワンマン社長がいるときは、その会社の企業文化は「超ワンマン経営」の文化が構築されるに至る。不思議なもので長兄が社長を引退したり、死亡したりするとその後継者も超ワンマン経営をする。これは私が企業再建をするにあたり学んだことである。

超ワンマン経営をしていた社長が病気で入院する羽目になった。社長は気弱になり、「自分がこの会社の経営に従事しないとこの会社は倒産する。ついては会社をM&Aで売買したい」と相談に来た。私は、いつも強気な経営方針をしている社長が気弱な経営方針を出すのは病気の故と判断した。そこで私は時間稼ぎのために、考えておきましょうと返事をして放置しておいた。

社長は退院後に私に「なぜ私はあんなことを先生に相談したのだろうか」と電話してきた。私はすかさず「そうでしょう？　いつも強気の経営方針を貫く社長が急に弱気な発言をされたので、それは病気が言わせているものと思い、社長が健康になられた時にもう一度再考された方がいいと判断しました。私が直ちに行動するのは社長の意思に反すると思いました」と返事した。社長は私に、さかんに私の判断と決断に感謝してくれた。

公正証書による遺言書

一度あることは二度ある。創業者オーナーは複雑な家庭をもっておられた。しかし、この社長は男気があるというか、全て男として責任をとっておられた。ある日社長は「自分が死んだら恐らく相続問題でもめるだろうから遺言書を書きたい」と相談された。私は会社経営と遺族関係者が円満になるような遺言書を作成して社長の納得の下、公正証書による遺言書を作成した。

ところが社長は急に病気に倒れ手術することになった。実は私は、遺言書にもとづきこの社長の長男を社長の後継者にする裏工作をしていて、長男を無事に社長の後継者にしたのである。

長男は父（社長）の遺言書の内容をしきりに知りたがっていたが、私は教えなかった。私は「九州男児ががたがた言うな。君には不利なことは書いていない。安心しろ」と言って内容は一切教えなかった。

その長男が、ある日曜日の午後、父が入院したが遺言書を書き直したいと言っているので至急病院に来てくれと電話してきた。私は病院に赴き、社長の遺言の意思を確認した。そして私は社長に「今の意思は社長の本意ではない。手術も成功したから退院後ゆっくり相談に乗りましょう」と言って帰った。この時初めて長男に先に作った遺言書の内容を見せ、長男を安心させた。

一　企業文化あれこれ

企業文化が人を作る

企業にはそれぞれ独自の文化がある。それは企業再建に従事しているときに強く感じる。

超ワンマン主義のオーナー企業の場合は、オーナーが経営責任をとって辞任したとしても、その後継者も超ワンマン経営に陥る可能性が強い。経営者が金や地位をちらつかせて従業員を支配していれば、後継者もその文化に馴染んでその真似をする。そういう事例をいくつもみると長年培われた企業文化というものと、そこから離脱することの困難さがわかってくる。

銀行の合併では、同じ銀行員であっても合併すると企業文化の違いが明確になる。支店長クラスで、一方では誰も外車に乗っていないのに他方ではほとんどの支店長が外車を乗り回している。その差はどこからくるのか。又、能力差も明らかに違っている。同じ指示を出しても一方では直ちに対応して報告してくるのに、他方は対応は遅いし結果の報告もしない。

私は同じ銀行員と思って指示を出していたが、その対応の差に愕然とし、その後、貴方の本籍はどちらの銀行かと聞いて、アドバイスの内容を変えたことがある。

又、同じ頭の良さなのに、なぜ入社した企業で差異が出てくるのか。それは各企業が持っている文化の差が社員に影響を与えて、仕事の仕方や能力にも違いが出てくるからである。

走りながら回収策を考える

かつて金融雑誌の編集者から、「債権回収について、都銀と信用金庫の行員、どちらが回収率が高いかわかりますか」と質問されたことがある。私は、勿論都銀でしょうと回答すると、信用金庫の方が回収率が高いと言う。それは、都銀の行員は理論的に回収方法をいくつも考えてどれにしようかと熟考しているうちに取引先が破産申立をするが、信用金庫の方は走りながら回収策を講ずる。だから回収率が高いというのだ。

私も思い当たる節がある。ある信用金庫の事件を担当していると、私も知識としてはあるが、実行したことのない回収策を講じているのにぶつかった。私が、なぜその回収策を講じたかと尋ねると、その担当者は「既決の記録を見て真似た」と平然と言う。そのことを思い出し、私は、これが走りながら回収策を講じるということかと痛感したのだった。

企業文化は経営者の努力から生まれる

とかく頭が良い者は理論的追求に熱中し、実行が遅くなりがちである。しかし、同じ程度の能力者が入社する企業でこうも違ってくることを見ると、そこには企業が育んだ文化の差から生じるのだろうとしか思えない。企業文化は経営者の経営哲学から生まれるのであるから、経営哲学を構築するのには、経営者の日々精進した努力が必要である。単に理論に走ったり、自分の頭で考えずに受け売りばかりでそれが勉強だと勘違いしている人には、経営哲学は構築できない。

私は近頃では経営哲学というものは基本的にはシンプルではないかと思う。たとえば稲盛和夫氏は極めてシンプルでかつ基本的なことしか言わないが、同時に実行力が備わっているから、稲盛信者が多いのだ。

企業文化の根底にあるもの

企業ごとの文化の差

私の大学時代の友人が卒業後、都市銀行、地方銀行、相互銀行（現・第二地銀）にそれぞれ就職した。学生時代には能力差がないと思っていたその友人らと10年後、20年後に会うと、人間の器や教養の差が目につくようになった。

その原因は何だろうかと疑問に思った。私も弁護士として、いろいろな企業と交渉していると、企業文化の違いを痛感することがある。「組織は人なり」という格言があるように人は組織によって鍛えられ、育成されるのではないかと思うようになった。

都銀に勤務している友人はそんなに出世はしていないが、金融事情や企業経営についての見識には素晴らしいものがある。地銀に勤務しているが、都銀に勤務している友人と比較するといまいちと思う。第二地銀に勤務している友人は出世しているが、唯一外車を乗り回している。この差はどこからくるのかと考えていたが、それは企業文化の差ではないかと思い当たった。

企業にはそれぞれ経営哲学、組織哲学があり、その中で社員は組織人として育成される。社員には自覚できなくても、客観的に見れば企業ごとの文化の差が見えてくる。昔は「組織の三菱、人の三井」という言葉があったように、各社それぞれの哲学、社風があり、それを人は「企業文化」と呼んだ。人は業界、職種、地位によりさまざまな成長過程を経ているが、それを包括的に支配しているのが「企業文化」ではないかと思う。

企業文化の根底にあるもの

企業文化は何によって育まれるのであろうか。それは創業の理念や哲学、社歴そして歴代経営者のリーダーシップ、哲学等によって生まれるのではないかと思う。社長の交替により企業文化に変化が生じることはよく世間で見聞する。その企業文化の根底には変化がないとしても、表面的な変化は第三者が見ればわかるものだ。組織には秩序があり、組織人はその組織秩序に拘束されているので、その変遷によって人間性が形成されていくのだ。組織人には「協調性」が問われるので、その組織秩序に馴染むように努力するし、要請もされる。それにより組織秩序が企業文化となり、社員の協調性との相互作用により企業文化が育成されていくと思われる。個性的な経営哲学を打ち出さない限り、企業文化はなかなか変化しない。既存の企業文化を打破するためには社長交代が必要になることもある。

企業文化の変遷や固定化と相反する事項を見聞していると、それが社員にも重大な影響を与えていると痛感するようになった。その意味で企業文化を考察するのは重要であると思う。

コンプライアンス

昨今、企業はコンプライアンス第一主義のように言われている。コンプライアンスは日本語で言えば「遵法主義」であり、法の支配の観念から言えば当然とも言える。しかし、コンプライアンスの言葉がひとり歩きし過ぎているのでないかと感じることがある。

ある支店で起きた循環取引

私の顧問会社のある支店で長期不良債権を回収するのに、いわゆる「循環取引」を使って長期に債権回収を図ったケースがあった。本社が本社の顧問弁護士5～6人を動員してその循環取引の実態を解明すべく担当者を取り調べたが、一向に判明しない。

そこで本社の要請で私の部下の弁護士（元検事）を一日だけ調査に派遣したところ、一部解明することができた。私は部下にこれ以上応援に行くなと指示した。それは、その支店長で現在は本社の常務取締役が、私の古くからの友人だったからである。そして、その支店の人たちは、私からみると着服横領等の犯罪行為はしておらず、純粋に債権回収の一環として循環取引をしたのに過ぎないと判断していたからである。

萬年先生を外します

支店の要請で私は本社の社長とトップ会談に臨み、「コンプライアンス」と「長期の不良債権の回収」のいずれを優先するべきかと相談した。社長は「勿論、コンプライアンスです」と即答する。私は二の句は告げられず、かろうじて「担当者たちは善意でなしたものセあり、不正行為はなかったはずですよ」と言って帰った。

私の部下の突破口から循環取引の実態が判明し、担当者の処分問題が登場してきた。本社の専務がわざわざ私を尋ねて来て、「先生、担当者の処分問題については萬年先生を外しますよ」と言った。私はすかさず「顧問弁護士と友情を秤に掛ければ、今回は常務（当時の支店長）との友情を優先するからそれで結構です」と言って受諾した。

専務も九州出身で私と面識があったことから、専務は私が九州男児らしく友情を第一義にするだろうと思ってわざわざ仁義を切りに来たのである。私はその専務の心情がよく理解できたので担当者の処分問題の決定から外されることを快諾した。

担当者らや当時の支店長たちは全員処罰を受けたが、その後もその会社におり、私は大変だったねと言って、その後も友情と信頼関係は続いている。

コンプライアンスのひとり歩き

某銀行の頭取が国会で、子会社の信販会社が暴力団と取引しているとして批判を受けた。私も銀行の顧問をやっているのでわかるが、頭取が細かい問題についていろいろ知っているわけはなく、取締役会の資料にその問題が載っていたとしても果たして目を通しているか疑問である。

コンプライアンスというものは、聞こえは良いが、それは所詮、「守りの姿勢」である。企業経営には勝負する場面が多々ある。その時に、守りの姿勢のみでよいのか。攻めの姿勢も必要でないか。コンプライアンスのひとり歩きに少々違和感を覚える。

大塚家具問題にみる同族会社に内在する問題点

一時期、大塚家具の親子の対立が話題となっていた。これは上場会社や大会社だから話題になったに過ぎず、問題の本質は、同族会社の問題にある。

同族会社に特有の問題点

日本の中小企業は大部分が同族会社であるから、大塚家具問題を対岸の火事とみることはできない。大塚家具の問題は、会長（父）の成功体験に基づいた旧来の営業戦術と、社長（娘）の現代の時代にあった営業戦術のどちらをとるべきかという対立であった。結果的には株主総会では、会長の旧来の営業戦術を刷新した娘の新営業戦術が、機関投資家も含めた大多数の株主の支持を得て父に勝った。

社長は一橋大学を卒業して金融機関に勤務した後に大塚家具に入社し、父である会長の自慢の娘であった。だからこそ、父は自分の後継者として娘を社長にしたのである。しかし社長に就任した娘は、父の旧来の営業政策が古く、現代の経済情勢では会社は生き残れないと判断したのだろう。

とかく子供は有名大学卒で頭がいいと頭でっかちの最新の経営理論を振り回す傾向がある。他方、親の方は成功体験に基づいて、子供の営業政策が観念的であり、自社の伝来の営業哲学に合致しないと批判する。親にとっては、子供が50歳、60歳になっても青二才に過ぎなくて危なっかしいとはらはらの連続である。子供に経営を全権一任し、それ以降会社の経営に口出しすることをやめることは相当に勇気がいる。

老舗企業が生き残るには

何百年も続いている老舗企業が、初代の営業と現代では全く異なる業種に転換して今日でも生き延びているのは、時の経営者が時代の流れを読んで順次営業展開していることによる。時の経営者は相当に悩んで決断したことだろう。成功体験も大事であるが、それを後生大事にしていて倒産した企業は多数ある。経営者は常に、時代の流れと本業の原点を見極めて身の丈に合った経営手法をとっていかないと生き残ることはできない。

大塚家具の場合、社長の新営業戦略とその戦術が株主の大多数の支持を得たというのは、その観点から、新社長の営業政策が、現代のそして将来の大塚家具の生き残り策として正しいと判断されたものといえる。

創業者オーナーは刻苦勉励し、家族をも犠牲にして今日の会社を築き上げたのだから、「会社は俺の命、会社をどう処分しようが俺の勝手だ」という思いが強い場合がままある。そこには自らの従業員や取引先、銀行への責任問題が不在である。そして後継者の子供たちは父の経営に対する危機感を抱き、親子の対立に発展するのである。

私は大塚家具の紛争のマスコミ報道を見聞して、これは大塚家具特有の問題ではなく、同族会社に内在している諸問題が一気に爆発したものと思った。同族会社の経営者は、大塚家具問題を固唾をのんで見守っていただろう。

同族会社の事業承継の成功例

同族会社の最大の問題は事業承継である。社長の椅子をいつの時点で子供に渡すか、会社の株をいかなる形で子供に承継させるのか、これを間違うと株式の評価が高額となり、多額の相続税の支払いのために「相続倒産」の危機になる。権力の維持のためになかなか株式を子に譲渡しないという子供の嘆きをよく聞く。

模範的な事業承継

私の顧問会社で模範的な事業承継をしている会社がある。後継者の息子が一人前になったと父が判断した時、自分は会長に、息子を社長に就任させ、会社の経営は全て社長（息子）に一任し、余程のことがない限り社長の経営方針に口出しをしない。会長は会社には午前中に出社し、午後はいつの間にか会社を抜け出し、外国旅行や国内旅行も会長夫婦で存分に楽しんでいる。株式も順次息子に譲渡し、相続倒産が発生しないように準備万端である。

もともと会長は脱サラして創業し、今日の会社を築き上げた人である。私があれっと思ったのは、その時はまだ部長くらいであった息子の結婚式の時の新郎の父の挨拶であった。「これで私は息子に会社経営を一任し、後は自分の人生を謳歌する」と宣言したのである。私は半信半疑だった。しかし、父親はその宣言以来、着々とその準備をし、息子を社長にして悠々自適の生活を実践した。

父と息子の良好な関係

息子も年に数回、会社の経営状態を報告に来るが、その際に、「自分の親父は偉い。若い経営者の集まりで、他社の後継者は、経営権の実権を握ったものの親父の口出しに閉口し、株式も自分に譲ってくれないとグチを聞くが、父に限ってそういうことはない。父は自分を信頼して会社経営を自分に一任し、株式も譲渡してくれた」と言う。私は社長に「お父さんを大事にしろよ。会社経営の実態を会長に定期的に報告せよ。そして父の意見は謙虚に聞いて、先人の知恵と思って自分の経営戦略や戦術の再考の判断資料とせよ」と答える。

こういう親子の事業承継はまれであろう。そこには父の勇気ある決断と実行が必要である。そして子供も二代目、三代目特有の甘い経営判断を実行しないように精進することが肝心である。この親子は互いに自分の役割の分担と連携がうまくかみあっており、謙虚に経営していることが好循環に連なっているのだろう。

父にとって子供に経営権を一任するのは重大な決断であり、たとえ経営権を委譲しても子供の一挙手一投足が気になって仕方がないのがふつうだろう。しかし、一旦経営権を譲渡したら、会社存亡の危機にならない限り口出しをするのは我慢をするべきであるし、その一方で子供も父の期待に全面的に応える努力をすべきある。父親の決断は、社長自らが自分の子

ども に経営権を譲った時にわかるのだろう。

同族会社における事業承継の株式譲渡

竹下弁護士の回答

事業承継で問題となるのは株式の譲渡である。事業承継の株式の譲渡については相続問題として一部立法化されているが、妙案はない。贈与税の高額化を避けるために、経営が順調にいっているときに、わざと赤字決算をして自社株式の評価を下げて一挙に株式を贈与したり、売買したりして、節税対策を講じるしかないと言われてきた。

ずいぶん前に、税法に強い弁護士として有名だった俳優の竹下景子さんの父親に、福岡県弁護士会で講演をしてもらったことがある。我々の最大の関心事は中小企業において事業承継における株式譲渡の節税対策は如何に、であった。

竹下弁護士は即座に「妙案はありません。時間をかけて慎重にやるしかありません。経営者の不動産を会社に賃貸して借地権価額として時価評価を下げるなど、地道な方針をとるしかありません」と答えた。

オーナー社長は3分の2以上の株式をもて

私の顧問会社が、創業者が相続対策を兼ねて我が子3人に毎年平等に長年かけて株式を贈与していた。しかし、1株だけが残ったので1人にその1株だけを特別に譲渡した。その後親族間で経営権を巡る紛争が発生して、重要な決議をするのに3分の2を超えることがないことから、その株主を取締役解任した後も増資決議ができなくて膠着状態が続いているのである。私もこの会社をみて、オーナー社長は株式を3分の2以上もつべきだと痛感した。それまでは51％以上の株式をもつべきだとオーナー社長には言っていたが、オーナー社長側に3分の2以上の株式をもてと今は言っている。

公認会計士の発想に驚く

別の会社では、社長である兄は経営者の器ではないとして、父である創業者は二男に社長をやれと指示をした。私もその対策に知恵を絞っていたが、私が長年提携している公認会計士に何か知恵がないかと尋ねた。その返事は、「税金の多寡をあれこれ考えるより先に一挙に経営権を握るには株式を購入することだ」だった。その回答はむしろ弁護士的発想ではないかと思い、弁護士である私がいかに節税対策を兼ねて知恵を絞っていたのか、弁護士と公認会計士とが主客転倒しているではないか、さすが私が永らく連携している公認会計士であると思った。

会社の経営権をもらえなくなった兄は、一時は感情的になっていたが、父の株式ばかりでなく、自分の株式も二男に譲渡することになった。そのかわり、兄の生活保障をする方策を講じることが条件であった。これでこの親子喧嘩を防止でき、会社の経営も安定し、従業員にも安心して働ける環境作りができた。

弁護士は登録しさえすれば税理士の資格を自動的に取得するが、「餅は餅屋」に聞いて、専門家が知恵を出し合って議論して妙案を出すべきだと思った。このことに社長は感激して、その公認会計士を直ちに会社の顧問税理士にしたのである。

一　同族会社の二代目が学ぶべきこと

二代目は父の経営手法を批判しがち

同族会社である最大の問題のひとつは後継者を誰にするかである。

創業者オーナーは一般的に学歴は低く、苦労して今日の会社を築き上げた。家族との生活も犠牲にして、会社が命として会社経営に全力を注入して、会社をここまでにした。そして学歴コンプレックスの故か子供は有名大学に入学させたがる。

子供は、創業者の父の苦労は観念的には理解しているが、本当は理解していないことが多い。二代目が馬鹿な子であるなら論外（しかし実際は多いのは事実である）であるが、有名大学出身のせいか子供が父の会社に入社すると父の経営手法を批判することが多い。曰く「父は貸借対照表や損益計算書も判読できない。これで経営者と言えるのか」と。

萬年流お説教

私はすかさず子供に言う。「社長というものは会社が儲かっているか、借金が減っているか、売り上げが伸びているかを知っておけばよい。それを教えるのが経理部長、課長でないか。なぜ父に従業員や取引先の人望があるか考えたことがあるか。現在の君には従業員の人望はないだろう。社長の子として一定の敬意を表されているが、それが現在の君の実力だ。父が経営のトップである限り父の言うことを聞いておけ。君が経営のトップになった暁に君の経営方針を貫徹すれば良い」と。

不偏的原理こそが成功の秘訣

私の弁護士としての最大の喜びは、創業者オーナーの創業から今日までの苦労話を聞くことである。創業者は会社経営に命をかけて今日を築いておられる。成功の秘訣は実はシンプルで、とにかく一生懸命努力されて今日に至っている。私は創業者オーナーに時々「社長の言葉は、ドイツの哲学者カントが実に同じことを言っていますね」と言う。社長は「先生、カントが私のことを真似て言っているのですかね」と述懐されるが、私は「多分そうだと思います。原理原則は古今東西皆同じですからね」と答える。

実はそうなのだ。不偏的原理は成功の秘訣であり、知恵を絞って一生懸命努力するしかないのだ。私はそういう創業者オーナーの苦労話を聞くと、私にはできないと心の底から創業者オーナーを尊敬する眼差しで見るほかない。

二代目、三代目はそういう創業者オーナーの苦労や哲学を本当に理解しているのだろうか。創業者オーナーを尊敬するのはいいが、そのいいなりになり唯々諾々と従う二代目も問題だが、とかく二代目、三代目は創業者や父を小馬鹿にする傾向がある。

創業者オーナーの話には謙虚に耳を傾けて、自分の人格形成や経営哲学を学ぶ必要がある。

社会に出て勝負するのは、学歴や知識ではなく、知恵の勝負である。どうも後継者は知恵の勝負の意味を理解していない人が多い。

後任社長選びの難しさ

事業承継はなかなか困難である。昨今のリサーチ報告をみると、後継者がいないということで廃業する企業が多い。廃業すれば従業員も困ることになる。なんとか後継者を決めたいが、経営者の子どもは父の事業の将来性に見切りをつけて他社のサラリーマンとなっており、経営者は途方に暮れてしまう。

同業者の社員を後継者にした

中小企業のオーナーが同業者の社員を入社させ、数年後社長に就任させた。ところが、その社長は企業全体の総括ができず、自分の得意分野にのみ指揮命令する傾向が判明した。社外においても、キャバクラに通い、オーナーとは価値観や生活観を異にしていたことから、とうとうオーナーは私の所に相談に来た。

私は後任社長とは面識があったが、オーナーの相談を受けて意外な一面をみた思いがした。表面上のつきあいでは人の本当の姿はみえない。人の本性をみるには仕事のやり方や部下の反応をみるしかない。オーナーの話を聞いた私は、その社長は経営者の器ではないと判断し、社長を解任した方がよいと忠告した。

次はプロパー社員を社長にした

オーナーが再び社長に復帰して数年後、今度はプロパー社員を社長にしたいと考え、社長に就任させた。その2年後、オーナーは後任の社長もその器ではなく、後任社長が辞表を出したと報告に来られた。

M&Aを考えた

その数カ月前にオーナーから、会社の株式を後任社長に譲渡したいと相談を受けていたが、私はもう少し様子をみてから考えてはどうかと忠告していたばかりだった。オーナーは70歳を過ぎていたことから、M&Aで第三者に株式を譲渡しようと動いていて、M&Aを希望する会社がデューデリのため視察に来ることになった。それを敏感に察知した従業員がオーナーに会社譲渡について質問するなど社内が動揺しはじめ、このままでは会社が従業員の離散で倒産するとして、急遽M&Aを中止した。

そこで私はオーナーに対して、従業員のためにオーナーが社長を続けるしかないのではないか。ただし、個人商店を脱して株式会社にした以上、オーナーは従業員の雇用を守るという意味で社会的責任があると強調した。

事業承継の難しさ

このように事業承継には適任の経営者をいかにみつけるかという難題がある。部長、常務としては立派にその職を全うできても、社長としての力量があるかどうかは別問題だ。最高責任者としての社長は実に孤独で、常に決断を迫られる。その都度、適切な処理をしないと会社の経営は回らなくなる。

事業承継は実に難しい。プロパー社員を社長にするのはいいが、果たしてその人が社長の器であるか否かは実際にやらせないと判らない。人間の器をみて、後継社長の器であるか否かを決断するのは、ある意味では冒険である。

愛社精神

毎年、新年会に招かれる顧問会社がある。出席者はその顧問会社の中堅幹部以上である。ある年の新年会に、頭が切れる幹部が欠席していたので、私は社長に「あの幹部はどうして欠席しているの？」と尋ねると、「あの幹部は辞めました。同業者に当社の情報をぺらぺらと喋っていて、辞表を持ってきたのですんなりと受理しました」と言う。

火の中、水の中にも飛びこむという気概

私はこの社長の言葉に感銘を受けた。日本企業の特色として、①終身雇用、②年功賃金、③企業別労組がよく言われる。年功賃金は、第二次世界大戦後に日本の労使が知恵を絞ってつくった制度で、年齢を重ねるにつれて子供の教育費がかかってくる労働者のライフスタイルにあわせて給料が上昇するシステムだ。合理的な制度と思っていたが、中高年労働者が生産性に比べて割高な賃金を得ているとして修正されつつある。私は、愛社精神の存在こそが企業の活力の源泉だと思っている。会社のため、社長のためなら、「火の中、水の中にも飛び込んで働く」という愛社精神があってこそ、労働生産性が向上し、会社の業績も上昇する。

その精神を従業員に植え付けるには、当然ながら経営者は従業員の労働条件をよくしないといけない。その相乗作用で従業員の愛社精神は成長していくのである。

会社の成長の鍵

私の顧問会社の社長が従業員の引き抜きが多いと相談に来たことがある。私は、「従業員が引き抜かれるのは、社長が熱心に従業員教育に取り組んでいるからだ。他社は教育時間の節約のために従業員を引き抜くのだろう。ある意味では社長や会社の勲章じゃないか」と言った。しかし、それが数十人単位になると、さすがに顧問会社の業績に影響してくる。私は社長に「引き抜きの勧誘に応じているのは若い社員か」と尋ねると、「いやそうじゃない。年齢は関係ないようだ」と言う。私はその顧問会社の労務、営業政策をよく知っているので、これは単に仕度金に目がくらんで引き抜かれているのだと判断した。要するに金に目がくらんで転職したのだが、労働条件は私の顧問会社の方がいい。引き抜かれた従業員の多くがそのことに気づいて転職先の会社を辞めていることが判明した。

ふらふらした信念や哲学のない労働者は、所詮金に振り回されて自分の人生を狂わせてしまう。私は、基本的に従業員に愛社精神がない会社に成長はないと思っている。出光佐三や鳥井信治郎を描いた小説を読むと、経営者は「従業員は家族だ」として従業員を大事にして可愛がっている。だから、従業員はその経営者の期待に応えて仕事に励むのだ。その結果、会社の業績が上がり、今日の出光興産やサントリーとなったのである。

会社の成長の鍵は従業員の愛社精神に尽きると思う。

あるM&A

昨今、M&Aが活発化し、日本企業も外国企業をM&Aで買収するケースが目立ってきた。M&Aは事業領域拡大のための「時間を買う」のが目的と言われている。しかし、M&Aに失敗した日本の大企業も増えている。

自社をM&Aで買収して欲しいという会社

M&Aを行うにあたり、主に企業会計を中心として相手先の企業の実態を調査することが必要不可欠である。企業会計の調査は主として公認会計士の仕事だが、それに基づいて相手方がなぜM&Aを求めてきているのかを吟味するのは、弁護士の仕事であろう。

私は顧問会社から、相手方から当社へM&Aで買収してもらいたいとの申し出があったので、相手方の会社と社長の人柄を吟味してほしいと要請があった。私は顧問会社の幹部から相手方の企業や社長の情報を集めた。その情報を分析した上で、相手方の社長との面談に臨んだ。

相手方社長の思惑が見えた

私の疑問点は、相手方の社長がまだ50歳で、1億円くらいの年収があり、生保契約をうまく活用して財テクにも励んでいる。それなのに何故私の顧問会社にM＆Aを申し込んだのかということであった。私だったら、1億円の年収を稼ぎながら、財テクをうまく活用して更に資産を増やしていくだろう。それにもかかわらず、50歳代でその機会を捨てて、M＆Aで相手企業の傘下に入る目的は何か。

私は相手方の社長との1時間以上の面談でその真意を探る必要があると思った。私の疑問点を面談で次々と質し相手方の社長から回答を引き出した。その結果、この社長は金銭に対する執着心が強く、私の顧問会社を利用して設備投資を実施させ、かつ顧問会社の経営幹部に高給与で就任したいとの野望があると見抜いた。私は、顧問会社が今後ますますM＆Aで事業を拡張する必要があると考えているが、これが悪しき前例となるのを恐れた。

顧問会社の決断

Ｍ＆Ａはシビアに判断する必要があるのだ。私は顧問会社の経営会議で、本件のＭ＆Ａは「相手方の社長には不誠実なＭ＆Ａの目的があるからやるべきではない。このＭ＆Ａは当社にとって悪い前例となる」として本件Ｍ＆Ａに反対した。社長は「顧問弁護士が本件Ｍ＆Ａに反対している以上、本件はやめよう」と答えた。私は「それで結構です。顧問弁護士は所詮、顧問会社のダーティワークの役割ですから」と言って社長の決断に賛同した。顧問会社は、私の進言により取締役会で本件Ｍ＆Ａを正式に中止した。

日本の大企業が外国企業のＭ＆Ａで失敗するのは、内部で種々検査して本音の議論をしなかったからではないかと思う。経営陣は事業拡大のためＭ＆Ａには積極的だが、顧問弁護士を含めたさまざまな角度からの冷静な判断が必要だ。

オーナーからの株式取得

財務内容に驚いた

私の顧問会社はオーナーが75％の株式を保有していた。オーナーは高齢なので、相続対策を兼ねて現経営陣に保有株式を譲渡したいと考えた。顧問弁護士といえどもなかなか顧問会社の財務内容を見る機会はない。私は経営陣に10期分の決算書（それも附属明細書付き）をもってこさせて、分析をした。

私はこの顧問会社の財務内容の素晴らしさに驚いた。無借金経営の上、内部留保金が15億円以上ある。業歴は１００年を超えているが、これは単に現オーナーの功績だけではなく、中興の祖がいるに違いないと判断した。それはつまり、前社長が獅子奮迅の努力で今日の会社を構築したのだと判断した。

コンサルタント会社は撤退した

オーナーは株式の譲渡を銀行に相談したが銀行はコンサルタントに丸投げした。コンサルタントは現経営陣に対して株式買い取りを持ちかけてきたが、その段階で、経営陣から相談を受けた。私は売買価額の調整がつかないときは、この会社の全従業員が辞めて新たな会社を設立して移籍すればこの会社は存続できないから、そういう方策もコンサルの申出に対する対抗策としてあると密かに考えていた。

私は、オーナーの株式売買の目的が、高額の株式売買代金か、今後の老後の資金さえ確保されればよいのか、暖簾は保ちたいのか、と種々考えた。私は提携している公認会計士に財務分析、株式評価額、税金対策等の課題を与えて報告してもらった。コンサルタント会社は私や経営幹部の鋭い質問や反論に対してたじたじとなり、オーナーの株式譲渡に関する代理人の立場を辞任して今度は東京の若い弁護士に代わった。

若手弁護士は信頼できた

若いから教科書どおりの高い値段をふっかけてくるのかと待ち構えていると、開口一番「この株式買い取りで会社を潰す考えは毛頭ありません。暖簾は守っていただきたい。現経営陣で従前どおりの経営をやってもらいたい」と言う。

私はこの弁護士に感心した。変な駆け引きもせずに、「高齢なオーナーの相続対策に資すればよい、ただ高齢なので本人の納得感を得るのに苦労している」とまで言う。私はこの若い弁護士は信頼できるし、円満解決を図っていると判断した。

経営陣個人が株式を買い取るスキーム

私は税金対策を兼ねて、「株式の買い取りは現経営陣の個人が行い、会社の自社株とはしない。そして持株会社を近い将来設立して、買い取った株式を持株会社に譲渡する」という方策をとった。経営陣は自己資金がないから、銀行から借り入れ（保証人は会社）をするが、この借入金の返済は買い取り人の個人負担には一切せず、給与のアップや株式の配当金で支払うように指示した。60歳を過ぎて1億円以上の借金をすれば家庭争議になるのは目に見えているからだ。経営幹部はほっとしていた。実は妻たちから離婚宣言をされていたと言う。そこで私は個人負担は一切しない主義をとったのである。

双方の税負担金も公認会計士が計算したうえ、節税策を講じて円満決済に持ち込み、一件落着となった。

資本多数決・2つのケース

株式会社では株式の持株数が圧倒的に影響力を有する。私はこの事実を顧問先に説明するのに「取締役を解任するには理由はいらない。会社法には人権や社会正義はない。オーナー社長が、口のきき方を知らない、また、横着な態度をとる取締役を、お前は横着だから取締役を首にすると言えば通用するのが会社法だ」と言う。

理由なき取締役解任には、会社は損害賠償義務を負うことはあるとしても、取締役解任の目的は達することはできる。

社長の敗北

私が資本多数決の原理の強さをまざまざと見せつけられたのは、顧問会社の社長が増資をしようとしたときに大株主に阻止された時であった。

社長の持株は30％、会長一族の持株は70％であった。社長は会社での発言権や実力を強化するのに、自己の持株を増加しようとした。新株発行をして、それを社長に割りつけようとしたのである。しかし、大株主はそれを阻止すべく絶対に反対と言う。理由は言わないし、社長が反対理由を聞いても、それはとるに足らない理由だ。社長は信用し難いの一点である。

社長は強い危機感と固い決意で新株発行に踏み切った。そうすると、大株主は新株発行差止めの仮処分申請をして新株発行の絶対阻止の行動に出たのである。社長派が新株発行の必要性や妥当性を理論的に説明しても資本多数決の壁は厚い。結局、社長は新株発行ができずに、大株主に自己の株式を買い取らせて会社を去ることになった。これは資本多数決を正面から突破しようとして敗れたケースである。

少数派から大株主になった経営陣

他方では、時間をかけて説得して社長派が少数株主から大株主になったケースがある。

これは従業員持株会が大株主であったが、その会社の元役員や従業員が辞めたあとも発言力を行使し、現経営陣に苦情や注文ばかりつけ、社長たちは自分たちの思うような経営はできなかった。私は相談を受けて、正面から突破するな、時間をかけて株主を少しずつ説得して株式を買い取れと指示した。弁護士は陰の参謀に徹し、決して正面には出ない。自分たち役員でやれと厳命した。弁護士が前面に出れば警戒されると思ったからである。

社長を初めとして経営陣は地道に各株主を説得して、退職した元従業員から少しずつ株式の買い取りに成功しつつあった。株式数の過半数を確保すると、院政を敷いていた株主も高齢になったせいか弱気になり、株式を手放すことにした。

社長が、現経営陣が大株主になりましたと報告に来たときは、互いに満面の笑みを交わしたのである。

会社のコンプライアンスと声高に言うが、株式会社の本質は資本多数決が冷然たる事実であり、原理である。

一　女性上司の存在意義

事件の概要

女性社員が同僚からセクハラや性的被害を受けた場合、その被害女性の上司はどうするべきかという問題にぶつかった。「インターネットで女性の部下がひどい被害に遭っている。なんとか被害者のために、被害回復の手段を講じたい。またこの件に関して、会社はいかなる行為をすべきか」との相談を被害者の上司から受けた。

被害内容を聞くと、女性社員の写真の顔から下を全く別の女性の裸とすり替えてネットで公開されているというものであった。それはあたかも、その女性社員がネットで、全裸で自分自身をＰＲしているのと同様である。上司は、これは明らかに第三者による写真の入れ替えであると判断して、顧問弁護士である私のところに相談に来たのだ。

しかし、私はパソコンには一切触らずネット社会にも無知であるから、私の部下の弁護士に担当させることにした。担当弁護士は元検事ということで、警察との人脈を駆使して警察組織を動かし、なんとか立件に持ち込んだ。そして警察からは、強制捜査するには被害者の被害届が必要であると言われた。

女性の気持ちを理解できるのは女性

そこで迷ったのは男性上司と弁護士である。このネット写真を被害女性に見せるのはあまりにも残酷過ぎるのではないか。私の妻や娘が被害者であったなら、とうてい正視できない写真である。

私は担当弁護士に、その上司のさらに上司である女性に判断を仰ぐように指示をした。その女性上司は私がよく知っている人であった。その女性は「これは許せない」と判断し、被害女性に写真を見せて被害届を出すか否かを迫った。被害女性は即座に被害届を警察に提出すると決断した結果、捜査も順調に進み、警察が立件手続をすることになった。

私はこの事案を経験して、これが女性上司だからこそ被害女性を説得できたのではないかと思った。男性上司であれば「女性社員がかわいそうだ」との思いが強く、被害女性に何と事情を説明していいか判断に迷う事案である。

弁護士としても、離婚事件や性的被害事件の場合、「本件の担当は女性弁護士にお願いしたい」と依頼者に指示されることが多い。これは、性的被害の二次被害を男性弁護士により与えられることを、被害者は恐れるのである。そこに女性弁護士の存在価値や意義がある。同様に社内でのセクハラ被害等では女性の上司がいれば女性の立場を理解してくれるという女性社員の期待がある。

私はある離婚事件で相手方である夫と面談して、良い男性だと思ったので、女性依頼者に「もう一度やり直したらどうですか。離婚はいつでもできるから」と言ったところ、その場では一応考えておくと言ったものの、翌朝一番に「やはり離婚します」との電話もらって唖然としたことがあった。このとき、私が弁護士としてではなく、男の論理で思考していると初めて気付かされたのである。やはり女性の立場を理解するには女性が一番適任である。

第2章 弁護士業務というもの

弁護士と秘書の役割分担

秘書の活用と非弁行為

弁護士と秘書の役割分担はどうあるべきか。特に外部との交渉についてどこまで秘書に任せるべきか。これは「非弁活動」と依頼者、相手方との信頼関係の維持の問題である。

私は、基本的には対外交渉は全て弁護士が対応して、内部的な調査や起案は秘書に任せてもよいと思っている。ところが、交通事故やサラ金等の過払金返還請求で、弁護士は前面に出ずに秘書が前面に出るケースに遭遇したことがある。そしてその秘書に私は欺された。私はその弁護士はもはや信用できないと、レッテルを貼ったケースもある。

やはり対外的には弁護士が前面に立って交渉すべきである。そうしないと、秘書を非弁活動に利用していると言われても仕方ないのでないか。

税理士業界の体質に思う

私がいつも不思議に思うのは、税理士業界の体質である。税理士の資格をもたない秘書が日常的な事務を執行し、肝心の税理士は依頼者に一度も顔を見せない場合がある。これは丁度、患者が診察に行って看護師から「医者は多忙ですから看護師の私が診察します」、あるいは弁護士事務所で秘書が「弁護士は多忙ですから、秘書の私が貴方の相談に応じます」と言って、患者や依頼者が納得するかという問題と同列である。

私は、税理士等と依頼者と打合せをするときに、肝心の税理士が欠席して担当秘書が会議に出席したときは、無条件に「お前は帰れ」と言って追い返すことにしている。打合せは各専門家が知恵を出し合って戦略戦術会議をする場である。それが無資格者の秘書がその打合せに出てくるとは、時間の無駄である。私はその場合、依頼者に「あの顧問税理士は解任せよ。知り合いの税理士がいないなら私の知り合いの税理士を紹介する」と言っている。税理士業界は、問題の重さを理解していない。私は何人の顧問税理士を解任させたことか。

プロフェッショナルというもの

資格者はプロフェッショナルなのだから、事件に対するそれだけの知識と知恵を依頼者等に直接披瀝すべきなのだ。それを、実務を全て無資格者の秘書に一任して、税理士は内部で決裁のみするというのは、明らかにおかしい。弁護士は、通知税理士制度で、司法試験に合格し、弁護士登録をすれば、税理士資格も有する。これだけ弁護士が過剰になると、経営が苦しくなった弁護士は、今後、税理士業務に進出していくだろう。これは、私は20年以上前から税理士会幹部に言っていたことである。

弁護士業界も同様だ。秘書に法律事務を一任していれば非弁活動に問責され、かつその弁護士の信用問題にも関連してくる。たしかに、ベテランの法律事務所の秘書は極めて有能であり、経験の浅い弁護士よりもずっと戦力になるのは事実である。しかし、有能な秘書をどのようにどんな場面で活用するかの見極めは弁護士の信用と密接に関連するものだ。

控訴

時には間違い判決を書くこともある

裁判をして一審判決に不満があれば控訴して上級審に判断を仰ぐことができる。

20数年前のことだが、ある年の3月末に私が勝訴するものだと信じて疑わなかった裁判で、ことごとく敗訴したことがある。裁判官は4月1日に転勤するから、3月の転勤前に慌てて判決を書く。こうした事件の引継ぎを後任裁判官にさせたくないという配慮は理解できる。

私は直ちにその敗訴判決3本とも控訴申立をした。中には相手方弁護士も、裁判官の間違いで勝訴判決をもらっていると気付いたこともある。控訴裁判所の裁判官もそれに気付いてさかんに和解を勧告する。私は3本とも、逆転して敗訴判決を勝訴判決にしたり、勝訴的和解で解決した。

私は、親しい長老の元裁判官に、「近頃の一審裁判官は記録をきちんと読んで判決を書いているのですかね」と皮肉たっぷりに質問したことがある。その裁判官は「萬年君、そのために控訴審があるのではないか。一審裁判官は若くて世間に疎い者もいるから、時にはそういう間違い判決を書くこともあるさ」と平然と言われて、私は唖然とするとともに納得感もあった。

私は今では、一審で敗訴判決をもらった若い弁護士に、私の経験談を話して、「経験豊富な控訴審の3人の裁判官の判断を仰いだ方がいいじゃないか」と、控訴を勧めることにしている。勿論、こちらの方が事件の筋が悪い場合は逆で、依頼者には「私は控訴審の弁護料が入るからいいが、控訴審の判決も再び敗訴判決だろうからあきらめた方がよい」とはっきりと言う。但し、時間稼ぎの必要がある場合は控訴することもある。

判決の納得感

裁判ではどうしても当事者の納得感が大切なので、判決の論理を弁護士の視点から懇切丁寧に説明する。しかし、中には当事者よりも弁護士の方が判決内容に立腹して絶対控訴するとして、当事者を説得にかかるケースもある。それは、社会正義からみて相手を許せないと思って取り組んだ事件で、賠償金額が少なかったケースだ。私は原審判決の仮執行宣言に基づき遅延損害金まで全額回収した上で控訴申立をした。私の予想どおり上乗せ金額で和解が成立したから、依頼者もほっとしただろう。

近頃の判決書は三段論法に則ってはいるのだが、バランス感覚からみて、結論がなんとなく納得感に乏しい判決が増えたように思える。

民事は、所詮当事者間の紛争だから、互いに譲り合う形での和解による解決が紛争解決としてはベターだと思っている。

ところが近頃は、どうでもよい事柄に当事者よりも弁護士の方が固執し、和解が成立しないケースが増加したと聞く。交通事故の物損5万円で1年近くも延々と争う事案もある。これは、損保会社の「弁護士特約」で、裁判の回数が増加すればそれに比例して弁護料が高くなることによる。その結果、保険料が上昇して泣くのは一般国民なのだ。どこか狂っている。

法テラスの官僚化

司法改革の一環として法テラスが誕生した。私たちは、弁護士会が実際に法律相談所を運営して、その費用は国に負担させようと一貫して運動してきた。被疑者国選弁護人制度を樹立するために「当番弁護士」制度を設立して運動してきたように。

マニュアル志向の行きつく先

ある程度国費を投入すると法テラスは官僚的運営になるだろうとは予想していたが、現在のようにここまで官僚化するとは思ってもみなかったし、それは予想をはるかに超えていた。弁護士の弁護活動の一挙手一投足にいろいろ干渉してくる。マニュアル主義の徹底がみえる。被疑者国選弁護人のときは、被疑者と接見する際に使用する接見用紙メモまで指定する。弁護人の弁護活動は、各弁護人の創意工夫で種々の活動をし、その中で普遍化されて弁護術が構築されるのだ。それを国が、弁護スタイルはこうあるべしと指定して、そのとおりにしないと報酬をやらないというのは、国家公務員による刑事弁護だ。

私がアメリカに「公設弁護人制度」を視察に行ったとき、公設弁護人が接見に行くと「国家権力の手先の犬は帰れ」と犯罪者から糾弾されている実態を見聞したが、日本もそのとおりになっていくのだろうか。

弁護士はプロフェッショナルな自由業として、これまでは各自の創意工夫で専門家として名声を得られるか否かが問われていた。現在のようなマニュアル化が徹底していくと、利用者としての市民は弁護士に失望していくだろう。今の日本はどの場面でもマニュアル主義が蔓延している。その結果、自分の頭で考えず、自分の言葉で発言する人が相対的に減ってきた。弁護士の世界もとうとうそこまで来たかとの想いである。

司法制度改革のツケ

法テラスの弁護士の敷居が高いからその敷居を低くしようとする志は正しい。問題はその方法論であり、制度論である。弁護士という職業は、日本国憲法で唯一規定されている民間の職業人であり、国家権力と対峙する存在として位置づけられている。それ故、弁護士、弁護士会の発言は一定の権威が認められ、信頼されてきた。それが相対的に低下したと評価されている。それは弁護士にかつての自由溌剌さが低減したからである。司法改革の嵐に弁護士会が舞い上がり、弁護士が急増し、各弁護士は事務所経営に苦慮し、時として犯罪にも手を貸す事態となり、懲戒請求も増加してきた。司法改革のつけがいっぺんに押し寄せてきたのである。

弁護士は事件を得るためにますます法テラスの事件に誘引されて、独立心とその気概のある弁護士がだんだん減少していく。そこに国家公務員に似た弁護士が増加して、弁護士自治の崩壊への道を歩むことになる。法テラスはそういう道を暗示しているように思えてならない。

一　街弁の崩壊

英国の実相

英国で弁護士自治が崩壊したのは、弁護士の企業法務への専門化と街弁《まちべん》との分化を主要因とし、起きたのは街弁の収益源であった法律扶助の予算の激減であった。

街弁は、市民の日常的な法律問題を主として取り扱う弁護士であり、企業法務弁護士とは、企業を巡る諸問題を専門に扱う弁護士であって、しかもそれは巨大なローファーム化して、1000人前後を雇用する法律事務所が数多く出現し、弁護士は完全なサラリーマン化しているのである。

日本の法律事務所

日本でも40年位前は、10人の弁護士がいる法律事務所は全国的に見て絶対数が少なかった。それが今や400～500人規模の法律事務所が出てきたのである。そして法律事務所の合併でますます巨大化している。

他方、弁護士が1人や2～3人の個人事務所は街弁として市民の日常的な法律問題に関与し、弁護士費用も負担できない人には、法律扶助で弁護活動をしている。そして法律扶助は法テラスに収斂されている。弁護士の人数も、過去500人くらいだった司法試験合格者が、現在では毎年1500人ほどの弁護士が誕生し、10年前と比較すれば弁護士は倍増しているのである。

食えない弁護士

そして、給与保証がない「軒弁《のき》」や、雇用されずにいきなり独立開業する「即独《そくどく》」の弁護士が増加してきた。私の経験からみても、弁護士の資格を得てもすぐには依頼者は来ない。何の事業でも開業してもすぐにはお客は来ず、売上額も少ない。そして、事務所のボス弁護士、兄弁、姉弁による徒弟教育を徹底的に受け、やっと一人前となる。そうすると事件で鍛えられるはずの弁護士が、事件が減少している今日、果たして「食えない弁護士」が増加することになってしまう。ある左翼系法律事務所の弁護士と話をしていると、事件の数は昨年と変化ないのに、売り上げは半減したと言う。それは、法律扶助事件の増加を意味し、ますます法律扶助事件に依拠することを意味するのだ。

そして、街弁はそもそも法テラスを利用する市民層と客層が重なることが多い。いわば街弁が法テラスと客の奪い合いをしている情況になった。そうすると、街弁は日々の生活に追われ、国家権力と毅然と戦う矜持をもつ弁護士にはなれない。不祥事を起こす弁護士が増加し、市民からの苦情が多発することになる。これは英国の弁護士の実態の後追い姿ではないか。

私は、左翼系事務所の弁護士に思わず「君の事務所は、数年後に崩壊するであろう。君たちが一生懸命旗振りした司法改革が自分たちの首を絞めているのに気付くのが遅かったのだ」と言ってしまった。

私は日本でも、街弁は徐々に崩壊し、弁護士の基盤も弱体化して、弁護士自治も崩壊するのではないかと危惧している。

そうなると、司法改革とりわけ弁護士増員を根本的に見直して是正しないと日本の司法制度は崩壊する。その意味で司法改革の旗を振った者の責任は重い。

耐震構造①～一級建築士

専門家の役割分担と連携

新ビル建築に伴う築50年超のビル解体にあたり、入居しているテナントに退去を求める事案があった。私はビル側の代理人である。耐震構造の問題は建物の構造計算に詳しい一級建築士の分野である。法律家は法律の専門家ではあるが、建物の構造計算や耐震計算については素人だ。これは丁度、医療過誤訴訟と同様だ。

例えば患者が盲腸の手術ミスで死亡した場合、弁護士は盲腸に関する医学文献を読みあさり、盲腸問題では医者と対等に医学論争ができるくらいに勉強する。しかし、所詮弁護士は医学については素人なので、医学的体系については無知に等しい。そこで知り合いの医者に「自分は本件盲腸の手術ミスはこうであると思うが、それでいいか」と確認する。そうすると相談医は「医学的体系からいってそこのミスではなく、こういうミスだ」とアドバイスすることがある。他の専門分野について法律的主張をする場合には、必ずその分野の専門家の意見を求める必要があるのだ。これは「専門家の役割分担と連携」の一適用場面である。

私の依頼者である会社には、一級建築士がいた。彼にまず耐震構造とは何か、耐震構造と建築基準法との関係及びその変遷について、文書で私に報告するよう指示した。私は、その文書を法律文書に修正するのが弁護士の仕事であることを強調した。彼の文書を読んで、耐震基準には日本の大地震の都度強化されているという歴史的事実があることがわかった。

専門委員がその能力を発揮した

裁判所も建築専門部を設置し、建築専門家を裁判所の専門委員に置いて裁判官の補助をさせるようになった。本件では、原告、被告双方の一級建築士の私的鑑定書が書証に出されたが、専門委員である元建設省（現・国土交通省）ＯＢは、被告側提出の一級建築士の構造計算の私的鑑定は、構造計算をわかっていない一級建築士によるもので、誤りがあるとして、一顧だにしなかった。裁判官は建築分野に詳しい人らしく、「先生、ご苦労様でした。あとは裁判官がやりますのでお役御免です」と言った。私はこれで、この裁判の争点は「本件建物は構造計算上、解体するべきか否か」に絞られたと思った。

本件私的鑑定で、一級建築士にも各々専門分野があって、構造計算の専門家がたくさんいないことがわかった。私は依頼会社の一級建築士に次々と宿題を与えて文書を作成させ、それを私が法律文書に修正して裁判所に準備書面として提出した。この一連の流れの中で、過去の判例をみても耐震構造を理由に退去を求めた事案があまりないことを知って驚いた。

そして私の担当したこの裁判は、一審、高裁、最高裁と、全部勝訴して決着がついた。

耐震構造②～裁判の勝利者

私は、この耐震構造不足のためにビルを解体するという訴訟では、私の依頼者（原告）の本人尋問は行わなかった。争点は耐震構造の計算であるから、本人尋問の必要性を感じなかったのである。被告は当然、退去を拒否。原告の地上げ的要求は不当だと主張し、被告ばかりか原告代表者にも本人尋問の請求をした。原告と被告は三十数年以上にわたって店舗の賃貸借契約関係にあったが、賃借権の相続による承継では先代との信頼関係は相続されなかった。店舗での販売の実績はあまりなく、経営の比重も大きくなかったが、あまりにも嘘の供述が多く、被告本人の確定申告書を文書提出命令によって提出させて、経営内容も分析した。

原告代表者の反対尋問をしなかった

被告は原告代表者の尋問をしたが、私は反対尋問をしなかった。本件裁判の争点が耐震構造であり、それ以外の事実について主張する必要がなかったからである。裁判官も私に「反対尋問はしますか」と言うくらいで、私が反対尋問をする必要性を感じていないことを見抜いていた。依頼者の尋問をしなかったのは私の弁護士生活で初めてのことであった。ただ、裁判所の提示する適切な立退金を支払う意思はあると主張していた。判決は、被告の主張する金額の半分以下で立退きをせよとの内容であった。

これは明らかに原告主張どおりの判決だった。依頼者はものすごく感謝してくれたが、私は依頼者に「この裁判の本当の勝利者は、私に耐震構造を教えてくれた一級建築士の貴方の部下である」と言った。彼は高卒ながら一級建築士だ。学歴コンプレックスがあったかもしれないが、私がこの裁判の勝利者は貴方だと何度も誉めるので、自信をつけたと思う。私は人間の能力は学歴ではなく地頭の良し悪しと努力であるとの信念をもっているので、私の本音を言ったに過ぎない。

他の分野の専門家の領域

私も弁護士歴が長くなり、セカンドオピニオンを求められることが多くなった。他の弁護士の書面を読んでいると、他の専門分野について、専門家の意見を求めずに裁判を続行しているケースが多い。弁護士は法律の専門家ではあっても、他の専門分野については素人だから、その分野の専門家の意見を聞くという謙虚な姿勢が必要であるということがわかっていない。だから私は「専門家の役割分担と連携」を強く主張しているのだ。私は各分野の専門家と永年連携しており、これは他の分野の専門家の領域の問題だとわかると、その分野の専門家に委嘱している。「私に説明をしてほしい。そして私はそれを通訳しながら依頼者に説明する。決断するのは依頼者だ」と言いながら、専門家と依頼者のプライドを充足しつつ、解決を図っているのである。

証明の優越

紛争解決のバランス感覚

民事裁判は、証明で優越した方が勝つ。それでは、原告対被告の証明の程度が51対49の場合は原告が勝訴判決をもらえるのか。それが元高裁長官の講演における問題提起であった。

元長官は刑事裁判官の経歴が長く、民事事件の経験は支部長時代の2～3年間しかない。地裁所長や高裁長官時代は、不服申立をされたら、その担当裁判官の人事考課を兼ねて、その事件の記録全てを精査することになっていたという。畑違いの民事事件でも95％の確率で事件の落ち着き先はわかる。それは法解釈論でもなく、法律家のバランス感覚により判明するのだと強調されていた。

さて冒頭の問題では、原告敗訴の判決となると言われている。裁判官は、証明の優越といっても、原告対被告の心証の程度が80対20くらいにならないと原告勝訴の判決は書かないと言われた。

私はその講演を聴いてなるほどと思った。裁判官は紛争の解決策として、法解釈論は勿論、紛争解決のバランス感覚として、原告勝訴の心証が圧倒的でないと、原告勝訴の判決は書かないだろう。単に51対49では、バランス感覚から根本的解決にならないと直感的に思うのであろう。その理は刑事判決で「合理的な疑いがない程度の心証がない限り有罪判決をしない」のと同じであろう。

判決至上主義と和解による解決

判決は原告勝訴か敗訴かのオールオアナッシングであり、なんとなく腰が落ち着かない。そこで和解による紛争解決の妙案が出てくるのだ。判決至上主義の裁判官は「和解裁判官は判決が書けないから和解で解決するのだろう」と批判していた（この考え方の急先鋒は私の司法研修所時代の教官だった）。講演をした元高裁長官は、証明の優越度が80対20の場合、原告対被告＝80対20の割合で和解による解決をすれば、原告も被告も満足することに気付いたという。私も、この割合の民事事件では、判決では紛争の根本的解決にならないと思う。判決後、道で会っても敗けた方は勝った方と挨拶もしないだろう。和解で解決したら、双方とも挨拶くらいはするだろう。それが紛争の根本的解決策であると私は考える。

いわゆる判決派は、頭でっかちで理論を重視するタイプで、紛争の実態や解決策を観念的に思考する者である。私はそれが本当の法律家として正しいのか疑問とする。法律家の考えは、所詮法解釈といってもその問題の価値観の表明である。実は、解釈者の人間観や人間力が正に問われているのである。

元長官の話は40年前後の裁判官生活を通じての総括として、いろいろ参考になった。そして私は元長官の話に合点がいくことが多く、そんなに違和感がなかった。証明の優越というテーマで、法律家はどうあるべきかが問われた講演会であると思った次第だ。

親子の面接交渉権①～高葛藤事案

面接交渉は子の健全な成長のためにある

離婚した親と子供には定期的に会う権利が民法に規定されている。これは権利というよりも、子供の健全な成長のために、子供と同居していない親（非監護親。通常は夫や父親が圧倒的に多い）に定期的に子供と会う手続きを保障しようと制定されたものである。

この面接交渉権に関する調停や審判が昨今激増している。特に父親がその申立をするケースが増しているのは、幼い子供の親権者に母親がなるケースが多いからだ。

昔、親権者を父親にと主張するが、実は養育費を支払いたくないからというケチな父親がいた。私はその場合には「貴方が小学生の頃、学校から帰ってきて、お父さんただいまと言っていたか。母親の姿を見て安心してランドセルを置いて遊びに行っていただろう。幼い子供には母親の愛情が必要なのだよ」と言って説得した。息子を当家の跡取りとして育てるので父親を親権者にしたいという主張に対しても、私は「日本国憲法は家制度を否定したから、跡取りの思想とは別個の問題だ」と説得すると、20年ほど前までは夫側は大体納得していた。

ところが昨今は、大多数の夫側が親権や子供との面接交渉を求めたり、果ては子供を幼稚園や学校から連れ去るという事件が多発している。その原因は、核家族化、少子化、男性の女性化（男性の子供に対する愛情の深化）等にあると思っている。

高葛藤事案の面接交渉

結婚は赤の他人が縁あって結ばれ、離婚によって再び赤の他人の関係になる。子供には親を選ぶ権利はないから、離婚に当たって子供の幸せを第一に考えるべきだというのは正当で、養育費や子供との面接交渉権を大事にするのは当然である。その意味で裁判所が面接交渉を原則として認めるというのは正しいが、激しい離婚闘争をしている「高葛藤事案」にも原則適用させるのは賛成できない。両親の葛藤の渦中に巻き込まれている子供は小さな胸を痛めている。父にも母にも賛成できずに両親の顔色を常に窺うことになる。

アメリカでは裁判所が強制的かつ定期的に親子の面接交渉を実施しているが、その子供たちは成人しても裁判所の命令や大人に対する不信感が根強く残っているという研究結果がある。その調査をした研究家は25年に渡って子供の面接交渉権を強くリードしていたが、その調査結果をみて転向した。子供に面接交渉を強制してはいけないという結論の支持者となっている。

私も高葛藤事案の離婚事件を担当して、子供との面接交渉権を研究したが、現在の裁判所の原則的面接交渉権の実施論については、多大な疑問をもつようになった。

親子の面接交渉権②～子供に責任はない

調停離婚・裁判離婚

日本の離婚では90％以上が協議離婚である。その場合は、離婚した非監護者（子供と同居していない親）と子供が会う面接交渉を原則的に保障することは正当だ。しかし、調停や裁判になる離婚事件では夫婦間の感情的対立が激しく、妻側が子供を連れて別居することになる。そうすると非監護者の夫は子供の安否は勿論のこと、どういう生活をしているのだろうかと心配になり子供に会いたい一心となる。

監護者は、子供が非監護者と会うことにより非監護者が子供を手なずけて監護者の悪口ばかり言うことになるのではないかと疑心暗鬼になってくる。一方で、監護者である母親は生活費を稼ぐことに追われて子供に満足な生活をさせていない負い目がある。他方で、非監護者は事実上の独身者なので比較的余裕のある生活をしているのにもかかわらず、子供の養育費を十分に支払っていないケースもある。そういう状況下では子供は親の顔色を窺うばかりで、子供は子供で心をひどく痛めている。

面会交流は子の精神的負担となる

私は20年ほど前の事件で娘2人を連れて家出した妻側の代理人となり、夫に受任挨拶状を出した。夫は私に電話してきて開口一番「娘は生きていますか」と尋ねた。私は娘たちには会ってなかったが、「生きているでしょう」と返事をした。夫は「私がこの目で見るまでは安心できない」と言う。私はいやがる妻を強引に説得して、デパートの屋上で親子対面を実行し、私が立会人となった。

　面会時間は30分の約束だったが、私は、やっと実現した親子の面会で父が娘と時を惜しむように遊んでいる姿に感動し、60分に延長した。さらに、久し振りに親子４人で食事をとりなさいと勧め、私は離れた席でコーヒーを飲んでいた。そこに娘２人が私の所へ来たので、私は娘２人を愛のキューピット役にしようと思い、「パパとママが喧嘩したらいやだよね」と言った。年長組の二女は笑顔で「うん」と言ったが、小学校４年生の長女はどんな返事をしていいのか迷っている表情を見せた。私は長女に回答を迫ったことを反省するとともに、子供は子供なりに小さな胸を痛めているのだと痛感した。

　それ以来、私は離婚事件については「子供に責任はない。子供の幸せのために離婚条件を考えなさい」と双方に言うようになった。

　高葛藤事案では子供のためにという余裕ある言動がとれなくなって、お互いに自分に都合のよい要求ばかりすることから、ますます感情的対立が激しくなっていく。過日、東京高裁は、一審の、夫側からの「離婚しても妻に年１００回面接交渉権を与える（妻は月に1回の提案）」ということで親権者を父と定めた判決を、母に親権を与えるという判決に変更した。これは面接交渉がいかに子供にとって負担になるかをよく吟味した高裁判決であると思った。

親子の面接交渉権③～試行的面会

試行的面会

家庭裁判所は、親子の面接交渉権の調停がある程度煮詰まってくると、家庭裁判所の一室での「試行的面会」の実施を双方に要請する。試行的面会室には遊技施設が設置され、おもちゃもある。家裁調査官2人が立ち会って、子供と非監護親の面会を30～60分実施する。監護親はその光景を隣室の隠しガラス越しに見ている。そして親子3人の面接結果を家裁調査官による報告書の形で裁判官に提出することになっている。

子供は試行的面会で久し振りに父親に会って、興奮して父親と遊ぶ。面会日の夜は従前なかった歯ぎしりや夜泣き、おねしょなどをすることが多いので、いかに親との面会が子供心に刺激を与えるかがわかる。

ある試行的面会では、小学校6年の男の子が母親を嫌って顔も見ず、話もしない光景もあった。その母親はうつ状態で、その子は父親と同居していた。さすがに家裁調査官も報告書には親権者、監護者は父親が適当である旨報告し、審判もそういう結論になった。

試行的面会の場所

試行的面会も裁判所の一室で行う場合はいいが、それが代理人弁護士事務所でやれと言われれば問題が発生する。裁判所での暴力事件や殺傷事件はほとんど家事事件（離婚や遺言相続）である。当事者間の感情の対立が激しく、とりわけ夫婦、兄弟姉妹だと血の問題も絡んで遠慮がなく歯止めがきかない。法律事務所でそういう暴力事件等が発生すれば、その弁護士の信用問題だけではなく、発生防止の対策にも相当な準備を要することにもなる。正直に言えば法律事務所での試行的面会は御免こうむりたい。裁判所は気楽に言うが、それは裁判所が責任をもって裁判所にある部屋で実施すべきである。

試行的面会の成功は、夫婦間の感情的対立があまり激しくない場合であろう。対立が激しい場合は、当事者は試行的面会の実施に対しても激しい抵抗を示す。

家事事件処理のむずかしさ

家事事件はもともと基本的に感情の対立が激しく、愚痴ともつかぬ主張を何回も聞かねばならない。離婚事件で本人尋問を延々とやられては、聞く裁判官も耐え難い。そのため陳述書でもって先に主張し、ポイントのみを本人尋問で15分程度聞くようにしている。弁護士もかなり忍耐力がいる。だから家事事件は一切やらない弁護士も相当数いる。他方で、自分は離婚等の家事事件専門と標榜する弁護士もいる。女性の味方としての離婚専門弁護士は理解できるが、男性弁護士がそう標榜すると、「何が離婚専門か、それは専門職ではないだろう」と疑問に思う。弁護士が過剰で弁護士事務所の経営が悪化している故の生き残り策のひとつだとは思うが、もっとましな専門職になれと言いたい。

試行的面会も数が増えてきたが、その実施には種々の問題があって、人間の感情を制禦する妙案がないのが実情である。

第3章

萬年弁護士が吠えるとき

無料法律相談にみる人間の品格

無料法律相談に赴くといろんな人に出会う。無料なのをいいことに自分の求める回答を得るために次々と無料法律相談をはしごする人もいる。しかし、相談者にも品格が必要だと思わされたことがあった。

どう考えても可哀想な立場にあり、どうしたらよいでしょうかと必死になって助けを求めている相談者にはこちらとしても親身になって相談に乗り、お金がなければ法律扶助制度を紹介し、場合によっては私が担当者になってその人を助けてあげたいと思う。

数百円の旅行保険の法律相談

30年位前であった。若い女性が外国人を連れて海外旅行に行った際に入った旅行保険に不備があったのではないかと相談に来た。幸い旅行中に保険事故はなかったが、保険会社の説明に不備があるとのクレームである。保険料は数百円である。私は彼女に、そんな問題に目くじらを立てないでもっと前向きに生きたらどうかと回答した。貴女の目的は保険料の還付なのか、説明義務違反で保険会社から慰謝料をとることなのかと質問すると、彼女は怒り出して出て行った。

10年後の法律相談

それから10年後。別の無料法律相談所で、「妻子ある男性と不倫をして男の妻から不貞行為として慰謝料を取られた。私はその不倫相手の男から慰謝料をとりたい」という相談があった。私は驚いて相談者の顔をまじまじと見た。なんと10年前のあの海外旅行保険の女性でないか。

やはりこの女性はまともな人生を歩んでいないなあと思った。私は彼女に「貴方は妻子ある男と不倫行為をしたのだから、男の妻に結婚生活を侵害されたという理由で損害賠償義務を負うのは当然じゃないか、自業自得の行為であるから、自重したらどうか。貴女の要求を代弁する弁護士は誰もいないよ。あまりにも品位がなさすぎる」と言った。彼女の負けず嫌いな性格はわかるが、彼女の生き方の品位のなさに私は嫌気がさした。彼女はおそらくこの問題を有料法律相談にはもって行かないであろう。無料法律相談だから「駄目もと」で赴いたのだろう。

人間の品格

私も年をとって、こんな品位のない人が来る無料法律相談に嫌気がさして、無料法律相談の担当を辞退した。もう一つの辞退の理由は若い弁護士が増加して、彼らの受任事件を増加させ、我々はもはや無料法律相談で事件の受任をする必要はなく、又、するべきではないと思ったからである。

しかし、どんな場面でも人間の品格は問われるし、又その人の品格が出るものだ。私は人間の生き方の品格は大事だと思う。品格はその人の生まれ、育ち、教養、人生観等の総合的な形で出るものだ。昔の人が、「生まれ、育ち、品位」と言っていた意味が年をとってくるとだんだん理解できるようになった。やはり品格は重要である。品格ある生活をしなければならないとつくづく思う。

もう二度と使わない

サービス業の根本的哲学は、「おもてなし」と言われている。その本質は客を丁寧に接待するのは勿論のこと、客にこの店にもう一度来てみたいと思わせる接客態度にある。

私は基本的に飲食代や宿泊代はその都度現金払いにしている。食事したり、飲んだりした場合に「おいしかった」「楽しかった」と思った時に支払えば楽しい思い出ばかりであるが、後日請求書が来て、素面で請求書を見れば「あの程度のサービスで高い請求書だ」と思うのが人間の性だからだ。

ごめん。間違えた

私の現金即金払い主義を知っているなじみのスナックで、いつものように現金で支払いをしたが、領収書は後日郵送すると言われた。なんと、郵送されてきたのは領収書ではなく、請求書だった。私は立腹して「現金で支払ったのになぜ請求書なのか」と文句を言うと、先方は「ごめん。間違えた」と言うばかりであった。私は二度とこのスナックに行くことはなくなり、後日そのスナックは閉店していた。当然であろう。

なじみの客に前料金を請求するホテル

又、私が十数年、盆休みに親子で避暑に行っていたホテルで、経営者が交代したためか、予約していたにもかかわらず、ホテルにチェックインする際、前料金を取られた。それも支払ったのは正規料金より多かった。これは明確に私（客）の支払い能力に疑いを持つからであろう。

私は十数年来ずっとこのホテルを利用していて初めての経験だったこともあり、よほど支配人を呼べと言いたかったが、事情を察した古手の社員が私のところに来て、「経営者が代わったので申し訳ない」と謝罪した。サービスも低下し、チェックアウトする時に私は思わず「このホテルは二度と利用しない。こんな不愉快なホテルは初めてだ」と大声で指摘して帰った。

一流ホテルが二重請求

東京の一流ホテルに宿泊した時、前料金を取られた上に、チェックアウトの際に更に二重請求される場面に出遭った。ホテルの予約の際に前料金を支払っていたにもかかわらず、経理とフロントの連絡ミスなのか、不払いだと言う。コンピューターで入金確認をせよと強く迫ったところ、なんと20分も待たされた。ホテルも自己のミスでないかと思い、責任者が2～3人出てきたが、やっと入金確認できたと言う。「これは二重請求で詐欺ではないか」と文句を言うと「そのとおりです。申し訳ありません」と平謝りするが、不快感は消えない。私は「このホテルは二度と使わない。こんなことをするからこのホテルは倒産の危機に遭うのでないか」と嫌みを言って帰った。

このホテルは「おもてなし」の以前の経営哲学が根本的に間違っている。コンピューター管理もいいが、前料金の受領の有無はフロントのラインできちんと接合させていなければ、サービス業としては失格である。二重請求するミスをするホテルに未来はない。勿論、このホテルを二度と使うことはない。

強制結婚の法律相談

唖然とするほかない法律相談

離婚経験があって子どもがいる女性から、現在交際している男性を強制的に自分と結婚させる方法はないかと相談を受けた。その男性にも子どもがいて離婚歴がある。その男性がこの頃自分に冷たくなり、プロポーズもしてくれない。ヤクザを使ってでも男性に婚姻届に署名押印をさせて、「結婚したら一生離婚はしません」という念書をとりたいという。

私は唖然とした。女性の父親が私のかつての依頼者であったことから相談を受けたが、私の弁護士生活で初めての強制結婚の相談であった。私は即座に「憲法24条で婚姻の自由を定めているからそういうことはできない。強制的に婚姻届に署名押印をさせても、一生離婚しませんという念書を書いても、事後的に婚姻無効の裁判を起こされたら、貴女の敗訴は決定的だ」と言うと、同席していた父親も「ほら、俺の言ったとおりではないか」と言うが、女性は不満そうな顔つきをしている。

そこまで思い詰めるほど、その男性が好きだというのは理解できるが、男ならいざ知らず、女性が強制結婚まで考えるとは時代も変わったものだ。

強制結婚は、かつて日本でも存在した。それは男性の一方的な要求で、女性は被害者であった。それが今では女性が主導する時代となったということか。私は、その女性が離婚したのがなんとなくわかる気がした。この女性は日常生活でこういう強制的・支配的な言動をしていたため、前夫から嫌がられて離婚したのだろう。

憲法24条は、女性の結婚の自由を保障し、男性や家族の犠牲になるのを防止するために制定されたものである。それを逆用する女性の出現は、女性の地位が強くなったのか、それとも日本文化が変質したのか、私にはよくわからない。

女性の地位向上

憲法上、男女平等の理念が唱えられているが、現実には至る所で男女不平等の事実が数多くある。女性の地位を高めるために政府や組織はいろんな工夫や施策を実施している。それは好ましいことであり、もっと強化して女性の地位向上を図るべきだろう。東京医科大学の女性受験生の差別も、その問題の一端を示している。基本的には女性は責任感が強く真面目であるから、ペーパーテストでは成績優秀者が多く、会社の入社試験でもペーパーテストの上位者は女性受験生が多いというのはよく聞く話である。社員の構成のためにある程度操作しているということも聞いている。これはいろんな分野の個別問題を含んでいるから、女性の地位向上とその仕事や活動の充足の点から総合的に判断していくしかないだろう。それにしても、女性から男性との強制結婚の方法はいかに、との相談に私は天を仰いだのだった。

ファンドバブルの崩壊の時に想ったこと

狩猟民族vs.農耕民族

ファンドバブルは2008年秋破綻した。ファンドバブルはシカゴ学派の新自由主義に基づき小さな政府論や市場原理主義や金融工学を駆使した金融派生商品等の複合的要因で成立した。しかし、その根底にあるのは、アングロ・サクソン的狩猟民族的発想であると思う。狩猟民族は物を生産せず、たとえ親でも狩の穴場を教えないという独占的所有意思が強い。

そこに高額な報酬をとるのは当然だという文化がある。

他方、農耕民族は共同体の皆と協力して農作業を営み、収穫物を皆で分け与える文化である。額に汗を流して労働するという文化である。そこには必然的に産業資本主義に連なるものがあるのではないか。

私は、アメリカ主導のグロバリーゼーション化というのはアメリカの金融資本主義の普遍化を狙ったものであり、必ずしもドイツ、フランスの大陸型とは今ひとつフィットしなかったと思う。日本民族は弥生時代から農耕民族として文明を築き、農作業を通じて共同体で共に労働をし、収穫を皆で分け与えた。いわば村社会を形成したのだ。だからこそ村の掟を破った者は「村八分」として制裁を受けたのである。特に日本経済は外需依存型で貿易立国として生存してきた。そこには「物作り」を主体的になして輸出に勤しむ国民性があった。必然的に産業資本主義を基軸として、金融はあくまで産業を育成、発展させる潤滑油の役割であった。決して金融機関が主役ではなく、金融派生商品で利益を生み出す商法には、日本民族は何となく違和感を感じていたはずである。だからこそホリエモンや村上ファンドに嫌悪感を心の中では感じており、二人の逮捕に日本国民は拍手喝采したのではないか。

バブルは必ずつぶれる

新自由主義に基づく市場原理主義は日本に格差社会を生み出し、中流階級の日本文化を破壊した。私は、小泉政権の小さな政府論や規制緩和論や民間移譲論はアングロ・サクソン流の狩猟文化を農耕民族である日本文化に移入して失敗したものと歴史は評価すると思う。そこにいう国家論は果たして日本民族の文化に合致したものではない。

世間では、さかんに１００年に一度の恐慌と騒いでいるがアングロ・サクソン的文明をこの際、徹底的に批判しなければならないと思う。

だからG20の経済会議でもアメリカは主役ではなく、大陸が主導権を握ったのは当然であると思う。私が不幸中の幸いと思っているのは、日本の金融機関が金融派生商品について不勉強のためか、あまり多額に購入しなかったので、火傷の程度が少なかったことである。ファンドは金融資本主義の所詮、「あだ花」であった。だからこそファンドバブルと称されたのである。バブルは必ずつぶれるというのが歴史の教訓である。

新自由主義経済について思う

新自由主義経済の本質

かねてより、新自由主義経済が曲がり角に来ているという論調が増えてきている。新自由主義経済とは、シカゴ学派の経営理論で、経済は市場に一任し、国家はあまり経営に関与すべきではなく、企業はその所有者である株主の利益のために貢献すべきであるというものである。その結果、短期的な利益追求のため、一株当たりの配当率を高めることを目的に自己株式を取得して発行株式数を圧縮する企業が増えたことからも新自由主義経済の本質がみえてくる。

日本経済や日本企業が成長してきたのは、短期的視点ではなく、長期的視点で企業経営を考えていたからだ。多額の内部留保を蓄えるとともに積極的な設備投資で企業を大きくし、日本経済を支えてきた。新自由主義経済理論はそれを否定し、企業の所有者である株主の利益第一で考えるから、企業の内部留保の蓄積は株主の利益に反するという主張をしてきたのだ。その急先鋒はファンドである。私がファンドを嫌うのは、ファンドが企業や日本経済の全体的観点から主張しているのではなく、短期的な利益追求ばかりしているのではないかという疑問があるからである。

ところが新自由主義経済の本拠地であるアメリカで、企業は株主利益ばかりではなく、従業員や取引先、消費者の利益も考えなければいけないという論調が増えてきたというのである。私は何をいまさら言っているのかと思う。そもそも企業は従業員や取引先、消費者があって初めて存在する。日本では昔から三方よしが商慣習であった。その日本の古来の商慣習があるのに、なぜアメリカの理論を全面的に採用するのかと、以前から疑問に思っていた。

二極化は阻止すべし

アメリカの論調に変化が生じたのは、新自由主義経済によって生まれた格差の問題からだ。国民の貧困化や格差拡大、即ち、一部の富裕層と貧困層の二極化に対策を講じないといけないという必要が生じたのである。国家を安泰にするには、格差を拡大させない、つまり中間層の増大を図るしかない。現在のアメリカや日本で格差拡大が言われるようになったのは中間層の減少による。富裕層と貧困層に二極化すると国家はうまく機能しない。日本でも市場経済が正しいとして新自由主義が蔓延していたが、非正規労働者や貧困層の増加にともない、果たして今のままの経済政策でいいのかという疑問が生じている。

何でもアメリカの猿真似をしている日本だが、アメリカの新自由主義経済の見直しで再考を迫られているのではないか。私は従前から、なぜ日本経済や日本文化の良いところを生かさないのかと疑問に思っていた。日本経済の立て直しを図るいい機会ではないかと思う。

ぶれない

立ち位置は動かないのに

発言がぶれる人は尊敬の対象ではなく、むしろ軽蔑の対象である。発言がぶれないのは、信念をもち、自己の哲学を確立しているからだ。それらを構築するのには、自分の頭でじっくり考え、自分の言葉で喋るしかない。これは単に政治家や学者のみならず、全ての人に問われている。私が感心するのは故後藤田正晴氏と故野中広務氏の言動である。両氏は主義主張が一貫していた。私が学生のころは、保守反動の最たるもので、自民党の中で最右翼であった。しかし、両氏は自衛隊の海外派兵については一貫して反対していた。その結果、両氏は自民党の中では最左派になってしまった。自民党の軸がいつの間にかぶれており、気付くとぶれのない両氏が最左派になっていたという状況である。このようなことはよくある話だ。

バブルがはじけても生き延びた人

時代の潮流に合わせるとか派閥のボスの考えに合わせるとかの理由をつけて自己の意見を変更する。昔はこういう人を「変節漢」と言って軽蔑していたのだ。それは自己の哲学をもたずに信念なき思いつきの考えを言い、寄らば大樹の陰に寄り添う姿勢である。これは経済活動に沿って言えば、バブル経済に酔い、新自由主義経済に翻弄された歴史を想起する。バブル経済の時は、投資をしない人は馬鹿呼ばわりされていた。しかし、日本人は農耕民族であり、お金は額に汗を流して稼ぐものだという哲学をもっていた人は、バブル経済がはじけても生き延びた。バブル経済に酔った人はほとんど自滅した。歴史は繰り返すというが、新自由主義経済に酔った人もその後始末に大わらわである。

信念をもつことの重要さ

２００９年の衆議院選挙で民主党が圧勝し、自民党は自滅した。私は自民党の失政で自民党は敗北したと思っているが、私が危惧したのは、日本国民はファッショ的体質があるのでないかとの思いである。それは丁度戦前の大政翼賛会の動きと同じでないかと恐怖を感じた。

あまりにも反動が激し過ぎる。小泉劇場のワンイシュー政治に酔い、小泉氏の思想ではなく、小泉氏の一言フレーズに国民は熱狂した。私はこれらの一連の歴史的事実をみると、いかに自分の頭で考え、自分の言葉で喋るのが大事かと痛感するのだ。そして、それは自己の哲学を構築し、信念をもつ重要さも痛感した。

私は日弁連の司法改革について途中から疑問を持ち始めた。日弁連の当初の司法改革の哲学に政府が乗っかってきたときから日弁連と政府は同床異夢であり、政府に日弁連の司法改革は換骨奪胎されたのだ。私は、かつての日弁連の主流派からいつの間にか反主流派になり、それは丁度野中広務氏と同じ立場になったのだ。しかし、私は自己の哲学は今でも正しかったと思うし、他方で司法改革の旗を振った人間を許そうとは思わない。

女の決断、男の決断

決断力の違い

男女間の問題を扱うと、男の決断力と女の決断力の違いをまざまざと見せつけられることが多い。例えば離婚問題では、女は離婚を決断するまでには紆余曲折あるものの、一旦決めたらその決断は揺れ動かないものだ。他方、男は、一旦決断しても、その後も揺れ動くことが多い。

バブル経済の頃、女性が娘2人を連れて家出し、私の事務所に離婚をしたいと相談に来た。早速、夫に受任の挨拶状を出すと、夫は電話をしてきて、「娘は生きていますか」と開口一番に聞いた。私は「現認していないが生きているでしょう」と答えると、「自分の目で確認しないと信用できない」と言う。

私は夫に一度私の事務所に来訪されたらどうですかと誘って、夫に会った。私からみると夫は、仕事運は悪いが、誠実な男で、よき夫であり父であると判断した。そこで妻を呼んで「もう一度復縁してやり直したらどうですか。私からみてもよき夫であり、父だと思いますよ」と強調すると、妻は激しく動揺している様子がわかった。

しかし、翌朝一番に妻は私に電話してきて「やはり離婚します」と宣言する。このように女は一旦決断したら、その決断は揺れ動かないものだ。

私は夫が可哀想になり、デパートの屋上で親子の対面を実現させ、1時間に渡る久方ぶりの父子の遊ぶ機会を設定したほか、強引に親子食事会も実施した。

その後、私は離婚調停を申し立てたが、夫は、妻との離婚は認めるが、娘の親権者、監護者は自分だと強く主張した。娘を想う父の気持ちは痛いほど理解できた。

離婚調停も不調に終わり、離婚訴訟になったが、原告、被告の尋問が終了すると、担当裁判官はすかさず職権和解勧告を行い、夫に「私も三十数年裁判官をやっているが、女は一旦決断すると気持ちは動かない。奥さんはもはやあなたを好かんと言っているから、潔く離婚しなさい」と夫に勧めた。夫はぽろぽろと涙を流して「萬年弁護士にも同じことを言われました。離婚します」と答えたのだった。

私のやり方は間違いだったのでしょうか

他方、別の事件では、長年ＤＶ被害を受けていた妻が夫が定年退職して退職金をもらうとすぐに家出し、夫に対して離婚を求めた。夫は調停や訴訟でも土下座せんばかりに涙を流して「かあちゃん、俺が悪かった。俺の悪い性格を直すから見捨てないでくれ。戻ってきてくれ」と哀願したものの、妻は冷ややかな態度で一蹴した。

夫は離婚認容判決を手にすると同時に自宅で首つり自殺をした。その報告を聞いた時、妻は一瞬動揺して「私のやり方は間違いだったでしょうか」と問うたが、私はこの夫婦の恋愛、夫婦関係を十分聞いていたから、「いや、間違いではないですよ」と回答して妻を慰めた。

私はこの二つの離婚事件を通じて、男女の決断力と決断した後の動揺と不動性を感じ取り、男女問題について法律家の論理で解決しうるものではなく、それは所詮男の論理と女の論理に過ぎないということが理解できたのである。

身の丈

昔からよく、「身の丈に合った仕事と生活をしなさい」と言われてきた。若い頃は皆野心があるから、「何を言っているか。身の丈以上の仕事と生活をするのが男じゃないか」と思っていた。しかし、年をとってくると「身の丈」という言葉の重みがだんだんと理解できるようになる。

身の丈をこえた事業展開

まず仕事の面では、身の丈以上に事業や仕事をしている人を見ると、思わず、この人は大丈夫かなあと不安が生じる。バブル経済の時が典型的で、私は身の丈以上の事業をして倒産した人をたくさん見てきた。バブル経済のときは「行け行けドンドン」で事業は興隆していたが、バブル経済がはじけると同時にその人の事業も倒産の憂き目にあった。

流行に惑わされず、自己の哲学と経営感覚で本業を優先し、周囲から、「お前はこんな金儲けのチャンスを生かさないなんて馬鹿だ」と罵倒されながらも、本業一筋に生きた経営者が生き延びてきた。経営者の哲学と思想が息づいていた人が生き残ったのである。バブル経済の衰退をじっとみていると、本当に身の丈に合った事業や仕事をしていないと身の破滅に陥ると痛感したものだ。

身の丈をこえた生活

他方、生活面でも身の丈に合っていないと身の破滅に陥る。収入に見合った生活をせよということだ。今はクレジット支払いや消費者金融等で身の丈以上の生活をしようと思えばできる。しかし、かつてサラ金地獄と言われたように軽い気持ちで手を出せばクレジットカードの利用でも雪だるま式に借金が増え、自己破産申立を余儀なくされることになる。

パソコンと秘書任せの過払金返還請求

高金利の廃止を求めて、消費者金融に過払金返還請求で果敢に闘った結果、みなし弁済に関する2006年の最高裁判決を勝ち取ったことで多くの消費者金融が倒産に追い込まれた。それに特化した弁護士や司法書士もいたが、今では沈静化している。

パソコンと秘書任せの過払金返還請求で手数料稼ぎができたとしても、それは弁護士として邪道であり、私は部下に積極的にはさせなかった。この仕事で弁護士道を間違えると思ったからである。現にこの仕事で道を踏み外した弁護士や司法書士をみてきた。サラ金全盛時代には、債務者には夜中にもサラ金からの電話やＦＡＸが盛んにあったが、多くのサラ金の破たんにより、深夜の請求書のＦＡＸが一掃されたことに感慨を覚える。

「身の丈」というのはいろんな問題を提起するものだ。自己の思想や哲学が問われ、堅実な生活や仕事をやっているのか自己検証を迫られる。私の周囲で身の丈以上の仕事や生活をしていた人は、ほとんど破滅に陥っている。身の丈の長さや重さを知って仕事や生活をしている人は着実に成長しており、成功している。昔の諺の偉大さが身に染みる。

年賀状

欠礼通知

２０２０年の年賀状を見て感慨深い思いをした。死亡の通知、病気の報告、加齢による来年からの年賀状欠礼の挨拶を見ながら、いろいろと考えさせられることがあった。私の友人、知人にも亡くなる方が増えて、年賀状も年々少なくなっている。特に、加齢による身辺整理のための年賀状欠礼の挨拶が増加した。年賀状の欠礼は友人、知人と共有してきた思いを喪失するような寂しさを感じさせる。

年賀状には互いの身辺状況を報告し合うという意義があり、知人がどういう生活をしているのかがわかる。それで私はなるべく友人、知人には年賀状を出すようにしている。

友人、知人が組織人であれば、当然定年になって退職する。私が年齢を重ねるごとに、定年退職する友人、知人が増えてきて、仕事で接触する機会も減少した。しかし、現役時代に交渉したことは今でも思い出深い。

歳を重ねてからわかること

互いに年齢を重ねていくと現役世代は徐々に少なくなってくる。私は生涯現役を貫くと考えている以上、交渉は続くであろう。しかし、加齢とともにいろいろと考えさせられる。若い頃なら言ったであろうことも、歳を重ねて人生の機微がわかると言葉を選んで交渉するようになる。交渉で相手の人間性や落としどころが早めに見えてきて無事解決に至った事例も数多くある。歳を重ねなければわからないことが多々あることもわかってきた。その教訓を若い世代に伝えなければならない世代になってきたと実感する。

友人、知人がガンなどの病気になったという知らせに、私自身も決して人ごとではないと思うようになった。胃ガンになって胃を全摘した私の知人は、今も元気にしているから君も頑張れと言う。こういう会話はある程度歳を重ねなければできない会話であろう。

私はこれからも続けたい

ネット社会の現代、年賀状の交換が年々少なくなっているという事実は承知している。しかし、年賀状は日本文化の良い慣習であると思う。年賀状を受け取り、友人、知人が元気でいることを確認できるとうれしくなり、その家族から死亡の通知を受け取ると寂しい思いをする。その意味でも年賀状は、互いの人生の情報交換の手段として必要だと思う。ネットで新年の挨拶を交換するのもいいが、アナログ人間の私としてはネットではなく、年賀状の交換こそが重要だと思っている。年老いた人間にはネット社会は馴染めない。年賀状の交換そのものが精神的な安堵をもたらすのだ。

それにしても、友人の来年からの年賀状欠礼の挨拶には非常にショックを受けた。歳を重ねるとこういうことがあるのは理解できる。その背景に金銭的な問題があるのか、手間暇の省略があるのかはわからないが、なんとなく一抹の寂しさを覚えるものである。

一 組織人として生きる

弁護士の仕事は天職

弁護士の特権は「精神的自由権と独立性」だ。監督官庁はなく、強いて言うなら、弁護士の監督官庁として資格を剥奪できるのは弁護士会のみである。弁護士は法律と自己の良心に忠実に従った仕事ができる。自分の良心に反することや、嫌な事件、人を拒絶することも自由である。他方、組織では上司の命令には基本的に従うべきであり、社員にその自由はない。その意味で弁護士は、自分の性格や信条から見ても天職なのだが、弁護士の道は間違いだったのではないかと思ったことがある。弁護士の仕事は刑事、民事事件を問わず、所詮人間の欲望処理であるから、いくらお金をもらっているとしても嫌な仕事だと感じて悩んだことがある。もっとも、後日克服することができたのだが。

組織の社会的影響力ということ

弁護士を天職と思って仕事をしていると、その社会的影響力について考えさせられることが多くなった。弁護士が大事件や有名事件に勝訴すると、マスコミ等で一時はちやほやされるが、果たしてその仕事の成果物としての社会的影響力はいかに、である。社会的影響力は、果たして永続きするものだろうか。

他方で組織は、地味だが社会的影響力をじんわりと行使している。私はそこに組織と個人の力の差があることに気付いた。所詮個人は組織の社会的影響力にはかなわない。素直に組織の影響力を評価すべきではないかと思い至ったのである。組織力をもって行動するには、出世して部下に命令し組織を動かすしかない。そこで私は、組織人は組織で出世すべきであると思った。それ故、私は依頼者や相手方に対しても出世を奨励することにしている。ビジネス上のトラブルでは、双方に円満解決して早く出世しなさいと言って、互いに譲り合って円満解決に至る道筋を示すようにしている。組織人は本音では出世したいと思っているから、私の助言や解決策に賛成して円満解決に至ることが多い。組織の社会的影響力の大きさに気付いたからこそ、そのように忠告できるようになったのだ。

どんな職業にも社会的影響力はあるが、社会的影響力の拡大を図るには個人の力だけでは限界がある。人は常にその限界を打破するために知恵を絞って株式会社制度を生み出したのだ。個人の自由を尊ぶか、それとも組織の社会的影響力を尊ぶかは各々の職業選択の自由で、それも基本的人権のひとつとして憲法に保障されている。これらを検証していくと、そこには人類の知恵と歴史が垣間見えてくる。

地頭の良し悪し

学歴より地頭

私は人を評価するとき、「地頭」が良いか悪いかで判断する。学歴や出身大学は一応聞くとしても、その人が本当に自分の頭で考えているか否かを基準にしている。

今もそうかもしれないが、昔は家庭の事情で大学に進学できなかった人が多数いた。以前、ヤメ検の弁護士から「警察官で本当に優秀な人は高卒が多い」と言われたことがある。私が会社再建をしているときに、二代目社長は非常に頭が良いと感じたので、思わず「貴方の出身大学はどこか」と尋ねたことがある。すると、「私は工業高校卒で、しかも卒業まで4年かかりました」と言う。また、年商400~500億円の会社の創業者は中卒であった。こういう人を見ていると、私は、「世間で成功している人には地頭が良い人が多く、必ずしも学歴は関係がない」と考えるようになったのである。仕事をするとき自分の頭で一生懸命考えて企画をしない限り、良い仕事はできない。

自分の頭で考える

確かに出身学校は頭の良し悪しを推定するときの基準になる。しかし、若い頃に勉強嫌いだった人や家庭の事情で進学できなかった人は多い。出身学校だけで判別できないことはこの事実からもわかる。若い頃グレていた人が家族をもったことで、立派な家庭を営んでいるケースは多数ある。高学歴や有名大学卒の人が、社会人になって飲み屋街で遊んで人生を間違えたり、家庭生活を崩壊させるケースも少なくない。

このように人は自分の頭で考えて物事を判断する必要があり、それを実践している人が人生を成功させているのではないかと私は思っている。

最後は人間性

私は企業経営の相談に乗ることが多い。若い頃に不良の道に走っていたが、実家の危機に直面して、実家再建に奮闘している男性に、「君の若い頃の経験が今の経営に役立っている。決してあきらめるな。頑張れ。君ならできる」と励まし続けた。彼は私の前で「なぜ私はここまで苦労しなければならないのか」と何回も男泣きしたが、彼の人柄の故か、周囲が彼を援助している姿を見ると、やはり人間性がものを言うのだと痛感する。

人間は苦境に陥ったとき、自分の頭で一生懸命考えて苦境脱出の解決策を講じれば、その人の人生の未来が開かれると思う。私はそういう場面を何回も見てきた。それ故、人は「地頭の良し悪しがものを言う」という哲学をもったのである。

とにかく人は一生懸命考えて行動しない限り、明るい人生の道は開かれない。あきらめずに一歩前へ進む努力をしない限り、明るい前途はない。そういう努力をしていない経営者をみると私は思わず「この人は経営者の器ではない」と判断してしまうのだ。

所持品検査

とうとう福岡地方裁判所に入構するには所持品検査が必要となった。法曹関係者はバッヂを見せればフリーパスであるが、冬はコートを着ていればコートの衿を開けてバッヂを見せなければならない。

空港の保安検査で憲法35条を考えた

私が長年不愉快に思っているのは、飛行場での保安検査である。飛行機の乗っ取りやテロ行為の防止という大義名分があって所持品検査を合法化した法律が制定されたとしても、実に不愉快だ。同じ飛行場でも、同じ物が、ある時は検査に引っかかったり、引っかからなかったりする。担当者が意地悪しているのではないかと疑心暗鬼になる。場合によっては服の上から身体を触られたり、靴を脱がされたりする。私はそういう場合にはとたんに不機嫌になり、大声でぶっきらぼうに「何もないよ。早くしろ」と実に大人気ない振る舞いになってしまう。

憲法35条の「逮捕される場合を除いては正当な理由に基づいて発せられ、かつ捜索する場所及び押収する物を明示する令状がなければ侵されない」と規定した理由が実感として納得がいく。この捜索、差押禁止の人権は人民が何百年もかかって血を流して獲得した権利である。我々の先祖も世界各地でこのように不当な捜索、差押をされていて、立腹してこの権利を獲得したのである。

人権抑圧の歴史

しかも所持品検査するのが国家権力ではなく、民間のガードマンである。憲法35条に直接該当するのはまずいとしてワンクッションを置いたと思うが、ハイジャック防止の大義名分があるとしても、何とか不愉快防止のために知恵はないのかと思う。私は、同じ時間がかかるなら、極力飛行機は避けて列車を利用するようにしている。所持品検査の不愉快防止のためだ。

人権はこのように小さな大義名分を突破口にして、徐々に権利抑制を拡大して人権が抑圧されてきたというのは、歴史的事実である。これだけＩＴ化、機械化が進んでいる今日、科学的英知を駆使して工夫すべきであろう。

刑事裁判ではときどき、令状なくして所持品検査をして、覚せい剤が発見され現行犯逮捕された時に、その所持品検査は違法であるとされる。その結果、発見された覚せい剤の証拠能力はなくなり、無罪の判決が出ている。刑事裁判では令状主義は比較的厳格に運用されている。飛行場での所持品検査は行政作用の一環であり、それが比較的ルーズに運用されている現状には、国民の皆さんには不満はないのであろうか。仕方がないというあきらめの境地であろうか。

私は、人権問題については常に鋭敏な神経で監視して批判していかなければ、人権は危殆《きたい》に瀕するのだと思う。

第4章

萬年浩雄とはどういう人間なのか

高文謙『周恩来秘録』を読む

「積ん読」を読む

ここ数年は新刊本の売れ行きが悪いせいか、全国的に閉店する本屋が多くなった。私は新刊本の新聞広告や書評欄には全て目を通しているが、最近は買いたいと思う新刊本がなくなったことに驚いている。そしてどの新聞がどういう新刊本の広告を掲載しているかで、読書人の新聞に対する評価にも連なっていると気付いた。大手新聞社の広告には出ておらず、地方の新聞のみに広告を出している出版社の本に興味を引かれると同時に、気に入るとすぐに、書店を通じて電話注文をするようにしている。とはいえ、近頃は是非とも買いたいという本がなく、私は、書架の「積ん読」中の本を、せっせと読んでいる。

20~30年前に買っていた本を読んでいると、何故私が昔この本を買ったのかすぐに思い出す。昔からの知的興味は一貫して続いているのだ。当時の新刊本の読書に追われてざっと眺めたまま「積ん読」になった本だけに、書架にしまっておいたとしてもやはり私が買い求めた理由がその本にはある。もちろん、中には興味があっても、著者の程度の低さに失望することもままあるが、それは衝動買い故に仕方ないことである。

つい最近の積ん読本の再読でおもしろかったのは、高文謙（上村幸治訳）『周恩来秘録』（文芸春秋、２００７）だった。これは中国の文化大革命の実態を周恩来の視点で描いたものである。文化大革命は私の学生時代に発生し、当時の学生運動家にも多大な影響を与えた。我々は『毛語録』も買って勉強したものだ。

文化大革命の本質

この本を読んで、この文化大革命も所詮は、毛沢東の権力支配闘争に過ぎなかったのだと唖然とした。周恩来が若い頃は毛沢東よりも共産党内では地位が上位にあったことも初めて知った。周恩来は調整型のリーダーで優柔不断な面があるから、一生涯あの地位にあったのだと初めて合点がいった。また、毛沢東の猜疑心と権力志向の強さとともに、中国国内での、フルシチョフのスターリン批判の評価にも驚いたものである。毛沢東は中国におけるスターリン批判を絶対に国外には出さず、自分の死後も毛批判を封じるために、ライバルをことごとく潰す方策を講じた。

当時の報道でうすうす気付いてはいたが、文化大革命の本質が何だったのかをこの本を読んで初めて理解した。現在の中国では毛沢東の文化大革命は批判されているが、当時は毛沢東批判ができないほどの権力闘争のすさまじさに驚くと同時に恐怖心をもった。当時の我々は人民が権力を批判する大衆運動に感動し、それを日本でもできないかと全共闘運動を展開していた。しかし我々は、文化大革命の内実を何も知らなかったということだ。やはり、どんな問題も本質的な問題点は何かということを徹底的に理解しないと失敗するものだと、この本を読んで改めて痛感した。

安本末子『にあんちゃん』を読む

今回もかつて読んだ本の中から良書を紹介しよう。

『にあんちゃん』に感動

私は読書が好きで、新聞等の書評欄や本の広告なども全て目を通している。本の注文も大体新聞広告を見て発注していた。しかし、この頃は、出版不況のせいか買いたいという本が少なく新刊本の購入が減っている。今では積ん読していた本を精力的に読むようになった。当時の私の関心のもと、昔買った本は積ん読の山になっている。私は疲れている時はときどき書架を見て、次はどれを読もうかと探索している。鞄の中には常時本を3冊入れており、交通機関を利用するときが貴重な読書時間となっている。

先日、十数年前に購入した安本末子著の『にあんちゃん』（西日本新聞社、2003）を読んで久し振りに感動した。この本は佐賀県の炭住に住む10歳の少女の日記で、両親を亡くした少女が兄らと懸命に生きる姿を綴った、不朽の名作と言われる本である。この本はかつてベストセラーになっただけの価値があり、長兄が妹の日記を読んで出版にこぎ着けたが、数十年後に西日本新聞社が復刊したものだ。

昭和20年代の社会

その後、次兄のにあんちゃんは慶應義塾大学に、安本末子氏は早稲田大学に進学しておられてほっとした。兄弟姉妹4人の仲のよいこと、特に長兄は一家の家長として弟妹たちの生活を支えていたが、昭和20年代の非正規労働者であり、安月給であった。

その頃はこの兄弟姉妹だけではなく、国民全員が貧乏だった。私は、小学生時代に友人が雨の日に跣《はだし》で登校しているのを見て「かっこいいなあ」と思い、雨靴を持っているにもかかわらず私も跣で登校していた。今になって考えると友人は雨靴を買う経済的余裕がなかったのだと思う。その頃の私たちには貧乏故の差別意識はほとんどなかった。私の幼い頃の写真を見ると、祖父の古着を作り直した服を着ているので、母に「なぜこんな服装をさせたのか」と尋ねると、母は「お金はあっても商品がないから、蔵の古着を利用するしかなかった」と言う。それくらい国民全体が窮乏していたので、皆貧乏と思っていたのである。

にあんちゃんたちも貧乏生活を必死に生きてきて、兄弟仲良く協力し合って成長してきた。10歳の少女の素朴な思いや感情を私は素直な思いで読んだ。本当に久し振りに一言一句を熟読することになった。それくらいにこの本は人を感動させる文章であった。出版されると同時にベストセラーになったのはよく理解できる。

炭住の痕跡はもはや全くなく、著者の友人たちが記念碑を建て、「にあんちゃん」を再刊する運動をしたところ西日本新聞社が意気に感じて復刊したという話も、いかにも新聞社らしい公共的使命に燃えたものと感動したものである。名作はいつの時代にも名作である。

帚木蓬生『守教』を読む

一人二役をこなす著者

帚木蓬生《ははきぎほうせい》著『守教』（新潮社、２０１７）を読んだ。久し振りに読み応えのある小説であった。

著者の帚木君（ペンネーム）は私の高校時代の友人で、高校を主席で卒業し、現役で東大の文学部に入学、卒業と同時にＴＢＳに入社した。当初は放送記者として活動してやりがいを感じていたが、放送現場で歌番組のディレクターをさせられ「○○ちゃん、次の出番だよ」と言う自分に疑問を感じ、ＴＢＳを辞めて、１年間久留米で塾を開いて、生活費を稼ぎながらの受験生活を送った。その後、九大医学部と九大仏文の大学院に同時に入学した。卒業後、精神科の臨床医として働きながら、フランスのソルボンヌ大学にも留学している。筆者は医者として働きながら夜は作家として1年に1冊を上梓しており、その一人二役の精力的な活動は敬服に値する。

著者は努力家

『守教』は福岡県大刀洗の「隠れキリシタン」の物語である。私は高校時代から隠れキリシタンにひどく興味をもち、勉強もしたが、「なぜ人は信仰のために死ねるのか」が最大の疑問点であった。隠れキリシタンは宗教弾圧に遭い、多くの人が棄教を迫られ、殉教している。私は、死の恐怖に直面しながらも宗教の教えを守って殉教する人間の心に興味をもち、キリスト教の意味を一貫して追い求めている。

著者は資料が現存していない情況下で、何十冊もの文献を参考に本作を執筆した。江戸時代の武士や農民の生活状況、そしてキリスト教の文化や戒律、隠れキリシタンの歴史的考察など、幅広い教養と歴史を理解しない限り本小説は書けなかっただろう。著者は本当によく勉強している。生半可な知識では本作は書けないことは読んでいて痛感した。やはり著者は頭がいい上に努力家だと改めて感心した。

現代にも通じるテーマ

私は隠れキリシタンのことを考えるとき、常に「なぜ人は信仰のために死ねるのか」との命題に逢着するのである。この命題は単にキリシタンばかりではなく、現代でも問われる。なぜ秀才たちはオウム真理教に走り人を殺傷することができたのか。なぜ人は革命運動に走り、仲間や第三者を殺害したのか。これは日本赤軍のリンチ殺人事件でも問われたことである。思想、哲学、宗教は、なぜ人の理性を完全に喪失させて従属させることができるのかという根本的な命題を考えてしまうのである。

『守教』のキリシタンは他人に危害を加えていないが、オウム真理教のように第三者に危害を加える宗教的理念もある。人の理性をも麻痺させる宗教の偉大さと恐ろしさを、深く考えさせられる小説であった。

山本義隆『近代日本１５０年』を読む

著者の深い学識と考察

山本義隆『近代日本１５０年――科学技術総力戦体制の破綻』（岩波新書、２０１８）を読んだ。山本氏は元東大全共闘代表であり、我々全共闘世代の人間にとってはあこがれの存在であった。山本氏が東大物理学科の大学院博士課程中退であるとは知っていたが、ここまで日本経済史や科学史、歴史に造詣が深いとは知らなかった。参考文献を見ただけでも幅広い分野の専門書をよくぞ読みこなしていることがわかる。本文も幕末から今日までの科学史を中心に、日本経済や日本社会、政治との関連で、科学が他分野にいかに影響を与えているかを文明史論的に考察している。伊達に東大全共闘議長を務めていたのではないことが、本書を読んでよく理解できた。

著者が物理学を専攻していたことから、物理関係に造詣が深いのはわかるが、それを科学一般の視点から物事を究明する手法は、科学に疎い私にとっても非常に理解し易い論理展開であった。科学の発展に伴い産業革命が起こり、それが更に科学の発展を促し、経済や社会、政治に幅広く影響を与える。それを良くも悪くも冷静に分析している。

2018年は明治150年と言われ、さまざまな分野で150年の総括がなされていた。本書は科学の視点からの明治150年の総括として書かれているが、名著であることは間違いないであろう。

全共闘世代

山本氏は東大の博士課程中退後、大学受験予備校の講師として生活の糧を得ながら専門書を書いているのは知っていたが、理数系に弱い私としてはそれらの専門書を読める能力はないとあきらめていた。それでも、本書を読んで山本氏の優秀さを改めて感じることができた。

しかし、山本氏をもっと社会で活用すべきだったのではないかと悔やまれる。一度新左翼のレッテルを貼られると、仕事で日の目を見ることはできないのか。こんなに優秀な人材を活用しないのは実にもったいないことである。私の周囲にも左翼活動家の前歴であるべき仕事に就けずに他分野で活動している人が多い。我々法曹界にも元学生運動崩れが数多くいて、逮捕歴がある者も結構いる。生活の糧を得るために独学し、そして弁護士になったのだ。私の友人も東京拘置所の勾留中に法律の勉強をして司法試験に合格し、現在、弁護士として活躍している。

私の昔の活動家仲間をみても、学生運動に参加した者は皆頭がよく、人間的魅力に満ちた者が多い。彼らはそれぞれの分野で活躍しているが、本来ならばもっと活躍できる場と機会を与えられるべきであったろう。だが、その試練が、今日の人間を育成した面もあると思う。この本を読んで久し振りに私自身の全共闘時代を思い出し、山本氏の優秀さを改めて感じると同時に、誇りに思った。

飯島勲『小泉官邸秘録』を読む

飯島勲『小泉官邸秘録』（日本経済新聞出版社、２００６）を読み返した。飯島氏は小泉純一郎氏の首席総理秘書官を務めていたこともあり、小泉改革の中でも郵政民営化の実情を詳細に書いている。小泉改革については当時のマスコミ報道で知ってはいたが、裏事情を含めてここまで事実関係を明確にしたのは貴重ではないかと思う。

初志貫徹ということ

そして小泉純一郎氏の志の高さ、初志貫徹する言動の一貫性に改めて敬服した次第である。自民党総裁選に何度も落選しながら、とうとう総裁になり、そして郵政の民営化や機構改革を次々と成し遂げた。敵は野党ではなく自民党であり、「自民党をぶっ壊す」と自民党総裁ながら公言し、自分に敵対する自民党議員に対しては「刺客」を立てて徹底抗戦を貫いた。今までの首相で、ここまで初志貫徹のためにあらゆる妨害に対して徹底抗戦したのは、小泉氏が初めてであろう。

独特の発想と実行力

私はこの本で、我が国で一番公務員が多かったのは郵政事業であることを初めて知った。それ故、小泉氏は国の組織や公務員の改革をするために、郵政民営化を目指していたのだとわかった。小泉氏は政治家としては二代目であるが、なぜあそこまで志を立て初志貫徹したのであろうか。

小泉氏は一貫して自分の頭で考えて政策を練り、実行してきた。決して調整型の政治家ではなく、自己の政治哲学を実践し、貫き通すタイプの政治家であった。

郵政民営化法案の参議院否決を受けて衆議院を解散するという発想はどこからでてきたのか。議員ではなく国民の意思を問うとして衆議院解散を決意したのは理論的には理解できるが、その発想は通常人の感覚ではない。小泉氏が特異な哲学と発想の持ち主でなければそういう行動には出ないであろう。しかもその発想で、結果はことごとく成功しているのである。ある意味では小泉氏は天才であると言えるし、組織のリーダーとして見習うべきであろう。

官僚の使い方

企業経営でもその理は応用できる。企業が困難に陥ったとき、その打開策を講じるにはどうしたらよいか。従前の経営手法では打開できないとき、全く違う発想で打開策を講じることで成功したケースはある。そこで問われるのはリーダーの資質や哲学である。

小泉氏はブレーンの官僚や秘書をうまく使って自己の哲学を実践してきた。参謀の使い方がうまく、官僚の使い方もうまかった。民主党の失敗の原因は官僚を敵視してうまく使いこなせなかったことにある。私も官僚と打合せをしたことがあるが、官僚は皆優秀である。それを使って自己の理念や哲学を実践するのがリーダーの資質であり、やり方である。やはり小泉純一郎氏は稀に見る優れた政治家であったと思う。

宗教音楽

ふと感じた違和感

私は若い頃から宗教音楽を聴くのが楽しみだった。モーツアルトの「レクイエム」を初めて聴いたときの感動は今も忘れられない。そして、隠れキリシタンの存在と、彼らが死を賭けて信仰を守ったことに非常に興味をもち、キリスト教会に足を運んだ。礼拝で賛美歌を歌うことにも何ら違和感を覚えなかった。ところが、数十年ぶりに礼拝に出席した際に、賛美歌以外でも最初から最後まで節をつけて合唱したりすることに何か違和感を覚えた。その違和感について考えていると、若い頃知り合った尊敬すべきクリスチャンが死の直前に仏教に帰依したり、葬式を仏式で挙行することが、なぜだろうかと思い始めた。

その後ティム・ヒッチンズ駐日英国大使の離任に寄せた新聞記事を読んで、日本文化と宗教の関係に気付いた。大使は「日本文化の核心は間や静寂や空間にある」と指摘していた。

ヨーロッパの教会を訪ねると豪華絢爛だが、日本の寺社仏閣は質素で静寂の中にある。キリスト教の礼拝の音楽も、信仰心を人間の感情に訴える作用があり理解できるが、日本の禅では静寂そのものである。

私は高校生の時に、一週間続けて座禅を組んでひたすら無我の境地に達するように黙考したことがある。お葬式に参列しても、仏教の各宗派によってお坊さんの念仏の唱え方はさまざまだが、参列者は沈黙を保つことがほとんどである。

日本の文化とキリスト教

ここで私ははたと気付いた。私は日本文化に慣れ親しんできたのだから、日本文化の核心である「静寂」「間」「空間」を潜在的に要求しているのだということだ。

永く親しんできたキリスト教も、「静寂」が保たれないことになんとなく違和感を覚えて、仏教に帰依するのでないか。隠れキリシタンは宗教心を捨てずに命を賭けて信仰を守った。遠藤周作の『沈黙』も棄教を迫られて迫害を受ける描写が多いが、そこには静けさや沈黙の場面が多い。遠藤周作も熱心なカトリック信者であったが、日本人特有の「静」の日本文化の特質を理解し、日本文化とキリスト教の本質を追究したのでないか。

日本にキリスト教が伝わって数百年経過しているにもかかわらず、諸外国に比べるとキリスト教信者の数がそんなに増加していない。それは、この日本文化の特質と関係があるのでないか。そして死を間近に迎えると、日本人として日本文化と死と宗教との関連性で「静」を求めて仏教に帰依するのでないか。

英国大使の離任の記事を読んで、大使の日本文化の理解の仕方に感動を覚えたとともに、私が永年疑問に思っていたことが氷解したのである。

絵画

購入のきっかけ

私は絵画、特に貴賓ある婦人をモデルにした美人画が好きである。それも日本画ではなく洋画だ。

私が絵画に興味を持つようになったのは、デパートの幹部だった友人から売り上げに協力してほしいと頼まれて買ったのがきっかけだ。その友人が自宅に連れてきた画商は10点ほどの絵画を持ってきていた。その中から選んで買ったのが1点目の絵画となった。大きな事件が解決して報酬が入ると、私はその事件の記念として、有名画家の絵を注文した。その絵は現在も自宅の応接間に掲げている。

春や秋にデパートで絵画の大きな展覧会が開催されるときには、友人がわざわざ事務所まで足を運んで招待状を持参してくれるので、私は必ずその展覧会に行く。数百点もある絵をじっと見ていくと、興味をそそられる絵が目にとまる。私の好みに合うか否かは、画家が有名かどうかではなく、第一印象で決まる。私は現在でも画家の経歴等にはあまり興味がない。絵という作品のインスピレーションにフィットするか否かで決めている。美人画が私の好みだということがわかると、画商は美人画の作品が手に入るとすぐに持ってきて、「これは先生の好みの作品ですよ」と言って勧める。事実、その画商が持ってくる作品は私の好みであることが多い。

本物の絵画は信用につながる

年に2～3点買っていくと、当然ながら所有する絵が増え、掲げる場所の確保に苦労することになった。しかし、私は購入した絵をこれまで1点も売ったことはなく、購入を後悔したこともない。絵画の展覧会に行くと、私が持っている画家の作品が一番だと思って購入しているので、必然的に美人画が多くなってくる。風景画も良いが、長い期間の鑑賞に値するかどうかは疑問だと思う。ビュフェの描く強い線は日本人向きで、私も好きな画家だ。それ故に日本にビュフェ専門の美術館が存在しているのはよく理解できる。

私は事務所にも相当数の絵を掲げている。仕事に疲れたとき、絵をじっと見ていると気分転換になる。私の依頼者で美術が好きな人は、私の絵を見て本物の絵だとわかるそうで、本物の絵を掲げている弁護士は信頼できると言う。本物の絵画には信用強化につながるという副次的効果もあるようだ。

昔はいろんな画商の売り込みがあったが、私はデパートの画商しか信用しない。私には絵の真贋を見分ける能力はないと自覚しているので、少々高価でもデパートの画商からしか買わない。「暖簾《のれん》」を大事にするデパートが私に偽物を売ることはないと信頼しているからだ。仮に後日偽物だと判明したとしても、「暖簾」の維持のためにケジメをつけてくれるだろうからである。

死顔

私が柩の死顔を見ない理由

私は、通夜や葬式に参列しても、祭壇の柩の死顔は見ない主義だ。昔は柩の死顔を見ていたが、10年くらい前から見ないことにしている。死顔は、病死の場合は痩せこけた顔であり、事故死の場合は死者の正常な顔の印象が変化するからである。祭壇の死者の写真には、元気溌剌な時期のものを飾るのが通常だ。顔には人間性が反映される。人は幸せな時代や仕事が順調にいっている時は、皆いい顔をしている。私は、そのいい顔をしていた時代のイメージを壊したくないという思いが強いのである。

現に私が仕事で遺言書を作成した時に、亡くなる寸前と元気な頃の顔の落差に驚いたことがある。90歳で老衰死された人の遺言書作成の際、亡くなる時は痩せぎすの老人の顔であったが、その人の70歳の頃の写真は実に精悍な顔つきをしていた。私はその時以来、柩の死顔を見ないことにした。その人のいい時代の顔を一生の思い出として残しておきたいと思うようになったのである。

年を取って思うこと

身内に不幸があって久しぶりに火葬場に行った。人間の体は火葬するとこんなに小さな骨になるのかと痛感した。人間は死ぬとこんな小さな骨になって、死後の世界は一体どうなるのかと無常の思いになった。人間は死ぬと単なる物理的不存在となるが、死後の世界は果たして存在するのか。これが宗教の根本的な発生原因となるのだと思うに至った。

若い頃は、死者は死後の世界で生きていて、生きている我々を見守っていてくれると単純に思っていた。しかし、私も老境に入り、いつ死んでもおかしくない年齢になると、遺体と小さな骨を比較して感慨深くなる。

墓はいらず、海や山に散骨して供養するという気持ちもわかるようになった。これは年をとらないとわからないのでないかと思う。私も、納骨堂ではあるが、自分の墓を用意している。私が死んだらそこに納骨されるであろうが、果たして私の骨を私の子孫はいつまで祭るのであろうか。

私は私の姓にあまり執着心はない。娘二人が結婚して娘の夫の姓になってもなんら反対はしなかった。娘婿を養子にする気もなかったし、嫁の姓にしろと指示したこともない。私自身は、人間としての生き様が問われるのであり、死んだら関係者が私をどう評価するかというだけのことで、私の姓を承継化しようとは思わなかった。それは私が次男であるからとも思ったが、私の人生観や宗教観が多分に影響しているのであろう。しかし、身内の葬儀に参列していろいろ考えさせられた。加齢とともに考え方に変化が生じるものだと思った。

人間の生き様

人はどうしてそういう生き様になるのか

私は、人がどういう人生を歩んできたのか、ということに一番興味をもっている。それは「人間の生き様」そのもののことであり、その人の学歴や社会的地位とは関係がない。

死亡通知や報告を受けると、私は常にその人の生き様のことを考える。特に晩節を汚すような言動にはその人の生き様や人生哲学が如実に反映される。「晩節を汚す」という言葉には、その人の人生哲学や生き様の背景にある問題が浮き彫りになったという意味も込められている。金に対する執着心が強いのか、自己主張が強いのか、バランス感覚があるのか、人に優しいのかは、その人の生き様を見る上で非常に重要である。

弁護士を長年続けていると、弁護士稼業とは必然的に人間を見る仕事だと痛感する。依頼者の本性が如実に反映される弁護士の業務は、所詮人間の欲望処理ではないかと思うことが多々ある。その人の人間性が素晴らしいと、こちらまで清々しい気持ちになる。この人のために一生懸命頑張ろうという意欲もわき、依頼者と弁護士の信頼関係が一層強くなるものだ。

しかし、自己主張が強く自分の欲ばかり通す人に出会うと本当に嫌になる。若い頃は一生懸命説得し常識ある結論で解決するようにしていたが、年をとるにつれて、説得する気力が失せ、自然とそういう人たちとは関わりたくなくなった。弁護士は依頼者を選べないので、そういう人を相手にしなければならないのが嫌になる。そこで私は、その人がどうしてそういう生き様になったのかを考えるようになった。

その人の「生まれ」と「育ち」

人は千差万別であるが、その人の生き様を見ていると感動したり軽蔑したりと、複雑な心境になる。これは、その人の社会的地位などとは関係ない。その人の言動は、その事件や人生の岐路に立ったときの生き様を反映していると思う。私は、その人がなぜそういう言動をするのか、その人の価値観は何であろうかと思うときには、どうしてもその人の生い立ちや育った環境に考えを巡らす。いわゆる生まれ、育ちの問題である。同じ生まれ、育ちでも、兄弟姉妹であっても、それぞれ生き様は異なるから、生まれや育ちが決定的に影響するとは思えない。それでも、どうしてもその人の生まれ、育ちを考えてしまうのである。

私は伝記や、人の生き様を描いている本、記事を読むのが好きだ。それは私にとって模範とするべきか、反面教師とするべきかという、私の価値観の選択基準となるのである。

年をとってくると自分の価値観を前面に押し出して人と衝突することが多くなった。それは人を見る目が養われたゆえか、私が頑固になったせいか、未だにわからない。

一　ある牧師の死

なぜ人は信仰のために死ねるのか

私の高校生時代は「人生とは何か。何の為に自分は生きているのか」と観念的に試行錯誤していた時代であった。太宰治や亀井勝一郎などの本を多読し、人生の意味を考え続けていた。高校の近くにあった禅宗の「梅林寺」に1週間坐禅を組みに行ったこともある。禅宗の僧侶とも話したが、いまいち私の疑問は解決できなかった。

私は歴史を学ぶ過程で、浦上の隠れキリシタンがなぜ禁教のキリスト教信仰を告白して、死んだのかということに疑問をもっていた。なぜ人は宗教のために死ねるのか。日本だけではなく、世界の各地で多くの人が宗教のために死んでいる。そのことが私の根本的な疑問であった。それで私はキリスト教会に足を運んだ。その教会はプロテスタントだったが、日曜日ごとに礼拝に出席し、キリスト教の勉強をしていた。最初の牧師は高齢ではあったが、高潔で非常に尊敬できる方だった。その牧師の下で1年間にわたってキリスト教の勉強をし、高校2年生の時に洗礼を受けてクリスチャンになった。

その牧師が亡くなられた後に来られた方は、アメリカ留学帰りの若い牧師であった。煙草を愛する気さくな人柄で、私は素朴な疑問を次々と発した。プロテスタントの信者は、なぜカトリックのように十字架を身につけないのか、聖書の世界でも男女差別があるのはなぜか、等次々と質問をした。その牧師に私は「君の信仰論は観念的信仰論である」と批判されたが、私は一貫して、自分の頭で考えて納得できないことは承服し難いので、何度も同様の質問をしていた。

牧師にはなれなかった

進学を控えた高校3年のとき、牧師になろうかと思ったことがある。しかし夏の修養会で、ある牧師が着替えのシャツを持たず、昼間着ていたシャツを風呂場で洗濯している姿を見て、私はそこまで物に執着しない清貧な生活ができるのだろうかと、自信を喪失してしまった。宗教家は物欲を捨てて清貧な生活をしなければならないことは観念的にわかるが、18才の私には、そこまで徹底できるかという疑問は解消できないと思った。それで私は牧師になるのは止めた。キリスト教の教えはずっと心から離れなかったが、教会に通うことも止めた。

内村鑑三の無教会主義や、いろんな宗教の勉強もした。しかし、宗教を信じるとは何かという命題は今日でも私にはわからない。年に何回かは実家の菩提寺で先祖の位牌にお参りしているし、仏教の教えも勉強している。

人間というのは、一生、信仰とは何か、信仰の本質は何か、批判は許されないのか、と疑問に思いつつ、純粋かつ無条件に宗教の考えを信じるしかないのか。それらを牧師は私に指導してくれた。そういう尊敬できる牧師が亡くなられて私は茫然としている。

中村哲氏の生き様

私は昔から人間の生き様に興味をもっていた。人は人生をどう過ごしていたか。志をもって志の赴くままに人生を全うしたか。

最近、人間の生き様で私が感動したのは、アフガニスタンでの故中村哲氏の生き様である。中村氏は九大医学部を卒業して、趣味の登山でアフガニスタンに行った。そこで治療も受けられないハンセン病患者の生の姿を見て、医者としてやるべきことがあると感じ、最初はハンセン病の治療のために無料奉仕で医療業務に従事した。その後ハンセン病だけでなく、無医村地区の撲滅を目標に活動地域を徐々に拡大するとともに、現地の医療スタッフの育成にも従事することになった。

医者が灌漑施設を作った

中村氏の生き様で一番驚くと同時に感動するのは、本業は医師であるにもかかわらず、自ら重機を駆使して井戸掘りや灌漑施設を造り、砂漠地帯を広大な農地に転換したことである。こうした活動は、多くの住民が汚れた水を飲んで病気になっているのを知ったことが契機となった。住民の健康と生活を守るためには、清潔な飲用水を確保することであると確信して井戸掘りを始めたほか、地域住民の生活の安定のため砂漠を農地に転換させようと灌漑施設を造ったのである。しかもそれらは専門外であり、福岡県朝倉地区の山田堰を参考にして自分で手順を開発したのである。

通常人ならば専門外の事業については手を出さないところを、中村氏は地域住民の幸せと生活のために敢えて専門外の事業に着手し、しかもそれを成功させたのである。

中村哲氏を駆り立てたもの

私は、何が中村氏をそこまで駆り立てたのか、動機や志は何であったのだろうかと考える。一般論としては理解できるが、自分の人生や生活まで犠牲にする生き様とは何であったのだろうか。

私も青年時代は日本のシュバイツアー博士を目指していたが、何せ数学が苦手で医学部に合格できず、医師をあきらめて弁護士になったのである。

青春時代の一時期のボランティア活動はよくあるが、生涯を通じてそれを貫徹した中村氏の実績に本当に感動すると同時に尊敬するものである。

中村氏の最期は全くもって理不尽なテロリストの犠牲になったものの、中村氏の生き様はアフガニスタンと日本ばかりでなく、世界の人々に強い印象を与えた。

このように私は、人の死に様ではなく、生き様が正にその人の一生の評価の対象、になると思っている。「晩節を汚すな」という諺にも連なるものであり、私は人間の生き様にはその人の人生哲学が如実に反映されるとみている。故中村哲氏の壮絶な生き様をマスコミ報道で見聞して、正に「人間の生き様とは何か」を考えさせられた。

名刺の肩書

定年制というもの

65歳の時に、卒業後50年振りの中学校の同窓会に出席した。

同窓生は自営業を除くとほとんどが定年退職し、年金生活を送っている。私が現役の弁護士として活動しているのをみて、友人は、まだ働かなければならないのかという憐憫の情を示すと同時に、まだ働ける環境にあることを羨望する複雑な気持ちを抱いているのがわかる。

友人も1カ月前までは第2の職場で「専務取締役」の名刺だったのが、その日は「相談役」の名刺だった。友人はもう俺も65歳だからなあと言いながら一抹の寂寥感を漂わせていた。

私は友人たちより遅く世間に出たから、友人たちより永く働くのは当然だという思いがあるが、単に60歳あるいは65歳になったからと言って今までのキャリアや知恵を埋没させるのはもったいないと思った。だからこそ、高齢化社会を迎えて高年齢者の活用を講じるのは当然だし、高齢者の知恵をもっともっと活用して少子化社会に対抗するしかなかろう。

あなたは真っ先にリストラされる

組織の宿命として定年制は必要であろう。若い人を育成するには先輩の引退が必要である。そうでなければ若い人は育っていかないからである。しかし、それは理念的には理解していても、それが自分の問題となると複雑な心理となるであろう。

私は組織人となるのが嫌で自由業の弁護士になった。弁護士の特権は精神的自立であり、相手方が何ぴとであっても「貴方は間違っている」と言えるし、言ったとしても弁護士は弁護士自治によって守られているため国から弁護士資格を剥奪されることはない。その代わり自分の生活費や事業費は自己責任でやるしかない。私は結婚当初、妻から「貴方は頑固で喧嘩っ早いから、サラリーマンになっていてもせいぜい係長止まりでしょう」と言われていたが、結婚20年を迎えると「このご時世では貴方がサラリーマンだったら最初にリストラの対象になるでしょう」と言われている。私もどうも組織人には不向きだと自覚しているので、妻に反論もできない。

リタイア後の生活

しかし、定年退職者のキャリアと知恵を社会に生かす術を考えるべきであろう。私は定年退職者には「ボケ防止のためにも働ける間は働いた方がいい。今までのキャリアを社会に十分に還元しなさいよ」と言って励ましている。現に私の顧問先の元社長は「松林を残そう」という市民ボランティア活動に精力を注ぎ、かつての管理職の経験と知恵を十分に生かしておられる。私はひそかに応援している。

毎日が日曜日の生活は私には想像がつかない。読書三昧の生活を夢みることがあるが、経験者によるとそれは1週間で夢破れるとのことである。やはり読書は多忙の合間をみて読むのが一番いいのであろう。友人の名刺の肩書きの変遷をみてふと思った次第である。

苛烈な交渉で得たもの

先日、顧問会社の倉庫の新築披露パーティに出席したが、この顧問会社には感慨深い思い出がある。私は、倉庫業を営んでいた依頼会社から「経営不振で現在、東証一部上場会社とM＆Aの交渉をしているから、その代理人になってくれないか」と依頼されたことがあった。会社の実情を調査していると、相手方の会社の顧問弁護士が私の友人であることがわかった。私は何度も上京して相手方の会社と交渉した。相手方の担当者とは相当激烈な交渉となったが、互いに人間的には何とか信頼関係を維持していた。

九州で第1号のプレ・パッケージ型民事再生申立

私の依頼会社は、営業譲渡契約をして清算型民事再生の申立をすることになった。いわゆるプレ・パッケージ型の民事再生である。私は裁判所にプレ・パッケージ型の民事再生の書式を教えてほしいと電話すると、前例がないらしく、「九州で最初のプレ・パッケージ型民事再生申立」と判明した。そのため、私は相手方と熾烈なやりとりをしたのである。

民事再生を一発勝負で終わらせるためには、譲渡会社の全資産を売却する必要がある。相手方は物件によってはいらないと言ったが、譲渡金額は変わらないから全部買ってほしいと強引に押しつけた。相手方の交渉者も頭がいい人だったので、私の意図はよく理解していた。

交渉が大体まとまると、営業譲渡契約書の作成となる。相手方の顧問弁護士は私の友人であるが、その弟子が担当者となった。私は「忙しいので、君が契約書の起案をしてほしい」と指示し、約1カ月に渡るメールのやりとりで、営業譲渡契約書を作成した。この営業譲渡契約書の出来栄えが良かったので、私は、今でも営業譲渡の際にはその契約書を応用している。

交渉相手先の顧問弁護士になった

私の思惑どおり民事再生はスムーズに進行し、九州第1号のプレ・パッケージ型の民事再生が完了した。数年後、私と激しい交渉をした相手がその会社の社長になっていて、突然私に電話をしてきた。「当社も顧問弁護士が必要となった」と言ってきたので、私はすかさず「私以外に適任者はいないだろう」と答えて、その会社の顧問弁護士となった。

その人は、すでに定年で退任していたが、その披露パーティで久し振りに会うことができた。互いに昔のままの感覚であった。その時、私が思ったのは、交渉の際は駆け引きをせず、本音で真正面からぶつかっていけば、互いの人間性が理解でき、利害関係も一致するということだ。だからこそ相手方は私を顧問弁護士として迎えてくれたと思う。久し振りに握手をして、当時の苛烈な交渉経過を思い出しながら懐かしく語り合った。交渉は人間性が反映されるものだと痛感した。

第5章

銀行の公共的使命

銀行が公共的使命を果たすべきとき

信頼に値する銀行の担当者

銀行の品格についての話をしたい。債務超過に陥って倒産寸前になっていた私の顧問会社があった。負債総額は約35億円。そのうち32億円を、メイン銀行が債権放棄して救済したのである。手法は、第二会社を銀行主導型で設立し（株主は全て銀行の子会社のファンド）、第一会社は私が特別清算の申立をして銀行の損金処理に協力した。第二会社の社長には私の顧問会社の専務が就任し、オーナーである社長は経営責任をとって会長職に就任した。

第二会社の経営が順調に行きつつあったことから、私は銀行に対し、第二会社の株式をオーナー（第一会社の元社長）へ早く売却してほしいと要請した。ところが銀行は、オーナーは経営哲学が未熟だからもう少し時間をかけた方がよいと言うばかりであった。私は定期的に銀行の担当者と交渉していたが、担当者は信頼に値すると判断した。誠実な対応に加えて、私が株の買取り資金を某銀行から融資してもらおうかと言うと、担当者は「なぜ当行に融資依頼しないのか」とまで言ってくれたからである。

吉報が届いた

オーナーと私で定期的に銀行訪問を繰り返していたが、5～6年経過してから吉報が来た。社長が銀行に陳情に赴くと、「第二会社の株式をオーナーに売却してもよい。売値は資本金の2倍だ」と言われたと言う。私は社長の報告を聞くと、銀行との株式譲渡契約書を直ちにFAXするように指示した。契約書を読むと至極正当で、これは弁護士の私が前面に出ないで、社長に単独交渉をさせた方が銀行側の警戒心を招かないだろうと判断した。私は社長に、この契約書に署名押印して直ちに株式購入代金を銀行に振り込むよう指示した。社長は株式買取り資金を親族からかき集めて金策し、銀行から借り入れをしなかった。

私は、銀行との交渉は、かけひきなしに誠実にやっていればうまくいくと思っている。

本件の場合は、この会社が地場の有力企業であり、再生させなければならないと銀行が公共的使命感の下に決断した。私は顧問先の銀行に「銀行の公共的使命感は何か」を常に考えて行動をするように口酸っぱく言っているが、本件の銀行の公共的使命感あふれる決断には無条件に賛成したい。私も銀行との交渉に介入した方が手数料を得られるという経済的メリットはあるが、道筋だけをつけて、銀行に無用の警戒を与えないために交渉は社長に一任したのである。

こういう手法は、ある程度キャリアを積み、年をとらないと、なかなか考えつかない。社長たちは喜色満面の笑みで私に報告に来た。私は本件でのこの銀行の姿勢をみて、地場のトップ銀行であることを痛感したのである。

都市銀行の融資契約書

私の顧問会社が都市銀行から25億円の融資をしてもらうにあたり、融資契約書のリーガルチェックをして、意見書を作成してもらいたいとの要請をしてきた。

契約書を一読して驚いた

私はその都市銀行をよく知っていたのでどんな契約書か興味があったが、一読して驚いた。これが日本の銀行の契約書か。横文字の英語を翻訳して縦文字の日本語にしただけなのではないかと思った。しかもこれが東京の銀行の顧問弁護士の起案と聞いて、更に驚いた。

私は意見書に銀行のひな型の文章をそっくり引用した上で、痛烈な批判を書いた。これは日本語の契約書の体を成していない。「貸出人の満足する内容」という文言を多用しているが、これは独禁法が禁ずる優越的地位の濫用ではないか。そして融資実行にあたり、銀行はマネジメント料まで請求している。しかも高額である。銀行は貸出金利で利益を生むというのが銀行法の建て前であるはずだ。それを、融資するにあたり諸々の相談に乗ったということで手数料を請求するのは「金を貸してやる」という姿勢が顕著で、これは独禁法の禁止している事項ではないか。

期限前返還手数料条項

マイナス金利で銀行の経営がひっ迫しているとしても、手数料稼ぎもここまで来たかとの思いだった。同様に期限前返還手数料の条項も手数料稼ぎの一環であろう。確かに民法では債務者は期限の利益をいつでも放棄することができると規定しており、同時に、債権者の利益を害してはいけないとしている。金利を取り損なったとして手数料を取ることは民法の規定に合致しているが、従前、銀行は期限前返還手数料を取っていなかった。これも優越的地位の濫用の一形態であろう。

意見書を融資元の銀行担当者に見せた

もっと驚いたのは、貸出人の責めに帰すべき場合でも貸出人は無答責という条項である。これは日本の過失責任主義を無視している条項だ。貸出人の責めに帰すべき事由がある場合は、貸出人が責を負うのは当然であり、それを免責するというのは不当な条項である。その上、銀行側の弁護士費用や印紙税、消費税等の公租公課等は全て借入人の負担としている。これも不当で、共にビジネスとして契約書を締結しているのであるから、各自の負担とすべきである。そして法令等の変更による実質増加分も借入人が全て負担するという条項もおかしい。その場合、法令等がなぜ変更になったのかを吟味する意味で、双方の協議で負担割合を決めるとするべきだろうと意見書に書いた。

私は印鑑を押印する前に、この意見書でよいかと融資元の都市銀行の担当者に見せた。担当者はこのままでは融資を実行できないと言うので、私は批判部分を全部削除して意見書を出した。銀行の顧問弁護士はここまで批判されたのは初めてであろう。顔が真っ青になったとあとで聞いた。その後、銀行から無事全額融資実行を受けることができた。私の顧問会社に対する都市銀行の姿勢に苦言を呈する、という目的は達したと溜飲を下げた。

三方よしの稟議書案

稟議書案の内容に感動した

私が顧問をしている銀行から稟議書案のリーガルチェックをしてほしいとの依頼があった。その稟議書案には、経営危機に陥った融資先の社長に経営責任をとらせて会長に退かせ、息子を社長にしたうえ、社長の給与を月50万円と定め、会社の株式を買い取る名目で会長に毎月50万円を支払うよう指示してあった。

私は感動した。これは誰の発案かと尋ねると、銀行の担当者の提案であるとの回答であった。この方策は銀行の公共的使命に則っているばかりか、義理人情にも厚く、事業承継の方法としても素晴らしいと思った。社長に経営責任を問い、経営権を剝奪する一方で、会長職に就任させれば融資する銀行の面子も立つ。そして株式を毎月少しずつ譲渡させて後任の社長の会社支配権を高めていくとともに、会長には株式譲渡代金の名目の下に老後の生活資金を確保させるという方策をよくぞ考えたものだと感心した。このようなスキームを担当者レベルが作成できるくらいだから、この銀行は地元の企業に人気があり、信頼されているのだと納得した。私は、この稟議書案に全面的に賛成し、なんら違法性はないと絶賛した意見書を作成した。

銀行の公共的使命を具体化した稟議書案

銀行には、企業を育成し成長させるという公共的使命がある。地方の中小企業には事業承継という大事な問題もある。現在は倒産よりも廃業する企業の方が圧倒的に多くなっている。中小企業の経営環境が厳しくなるなか、経営者の子供が父の事業を承継しないという現象が増加しているのだ。その一方で、経営者そして銀行には、従業員の雇用を確保し、その生活を守っていくという公共的使命がある。しかし銀行としては、経営不振に陥った融資先の経営責任は問わねばならない。

この手法はそれらの諸問題を総合的に解決する策として銀行が編み出したのだろう。私はその方策を生み出した担当者や銀行の経営幹部の知恵に感心した。銀行幹部は稟議書案作成担当者の方策を勇気をもって決裁したのだと思う。

銀行員の妙味

担当者は、背任の問題が発生するのではないかと一抹の不安を感じて、顧問弁護士の私にリーガルチェックを求めたのであろう。私は担当者に、「これぞ銀行員の鑑だ。貴方は銀行員の妙味を味わっているだろう」と絶賛した。担当者は嬉しそうに安堵した表情をしていた。私は、銀行の役員会（経営会議）で胸を張って説明するよう激励して送り出した。

私は、経済人のコラムに「我が社が苦境に陥ったとき、あの銀行のあの支店長が勇気を奮って融資してくれたので今日の我が社がある」と書かれていたのを読んで、これぞ銀行員の誇りであり、銀行員の妙味ではないかと思った。今でもこの話をことあるごとに顧問先の銀行員にしている。

ある清算的任意整理に見た銀行担当者の良心と行動力

敢えて債権譲渡登記の抹消に同意した銀行の英断

私は銀行の依頼で、ある商店街の協同組合の清算的任意整理を担当した。初代の協同組合理事長は90歳で健在であったが、奥様は既に他界されている。その理事長はお手伝いさんの世話を受けながら、３戸ある自己所有マンションの１戸に住居しておられた。自己所有マンションは協同組合の債務の物上保証に供され、私の依頼者とは別の銀行の抵当権が設定されていた。現在の理事長も協同組合の債務の連帯保証をしているが、無資力で保証能力はない。私が清算的任意整理を主導して債権者（ほとんどが金融機関）と利害調整をした。

私に依頼した銀行は、商店街の売掛金等に債権譲渡の登記手続をしていた。他の金融機関からは、清算的任意整理をリードしている銀行のみが債権の保全策を講じているのは債権者平等の原則に反しけしからんと、批判が続出した。私の依頼者であるその銀行は他行の批判に応えて、潔く債権譲渡登記を抹消することを承諾した。

私はこの抹消登記をした銀行の英断に感銘を受けた。破産手続きでなければ、資本主義社会では早いもの勝ちで、債権者平等の原則の適用場面ではないからだ。しかし、清算的任意整理手続きを円満に進め、かつ各銀行の損金処理に協力する姿勢に好感が持てたのである。

抵当権実行を阻止した担当者

問題は初代理事長のマンションの担保権実行だ。いくら物上保証人と言っても、ひとり暮らしで孤独な老人の生活を破壊してもよいものか。抵当権者は地場の小規模銀行であったので、強行するのではないかと予想していたが、銀行の担当者は「この老人が住んでいるマンションは競売しません。老人が亡くなった後で競売します」と言ってくれた。担当者の顔が苦渋に満ちていたので、銀行の幹部は反対しているのがわかった。担当者は上司の命令に反対して、上司を逆に説得してくれたのだ。担当者は上司に対して、「貴方の父上がこの老人と同じ境遇の場合でも強制執行しますか。私の父の場合なら絶対に許しません」と啖呵を切って、強制執行を阻止したのである。私は、この担当者の銀行員としての良心を貫徹した姿勢に深い感銘を受けた。

銀行の担当者は現場で取引先や保証人の実態をみて、マニュアルどおりにはやれないことを十分承知している。現場を知らない上司は、マニュアル的発想による決裁で処理することから、担当者と感情的軋轢が生じるのだ。その現実的解決策が経営者保証ガイドラインの成立を促すきっかけとなった。

その後、老人が亡くなって、そのマンションは競売にかけられた。老人の親族が競売中止の依頼をしてきたが、私は銀行の担当者の男らしい言動を説明し、その思いやりを無にしてはいけないと親族を説得した。

担当者の考え方と体を張った上司への説得如何で物事はどうにでもなるということだ。

100の銀行と交渉をして見えてくるもの

私は企業再生の仕事が多く、これまで数多くの銀行交渉を行ってきた。銀行の顧問もしており、銀行の論理構造も理解しているつもりだ。

大企業の会社更生事件では、銀行と喧嘩できる弁護士として、会社更生管財人から銀行交渉担当の管財人補佐に指名され、全国の銀行100行と激しい交渉をしたこともある。この銀行交渉の中で、銀行の品格や企業文化と同時に銀行担当者の実力や見識も見てきた。

管財人補佐は15分、管財人は5分

某都市銀行との交渉で、更生会社の東京支店の社宅を売れと強く言われた。私は「東京支店の家族持ちの30代社員の手取り給与は20万円前後だ。社宅以外の民間アパートの賃料を個人負担にしたら生活ができなくなり、会社を辞めるしかないじゃないか。銀行員は銀行から住宅手当をもらえるが、当社にはそんな経済的余裕はない」と大声で怒鳴り返した。すると銀行員は私の剣幕に驚いて絶句したが、しばらくして「当行のマニュアルには社宅を売れと書いてありますから」とぼそぼそと言う。私は「貴方も大銀行の行員なら自分の頭で考え

ろ」と大声で怒鳴り15分で交渉の席を立った。

その後、私が1カ月以上その都銀と連絡を取っていないということで、管財人が都銀から呼ばれた。管財人は私に「お前が短気を起こすから俺がお前の尻拭いに行かねばならない」と嫌みを言いながら上京すると、私以上に短気な管財人は、５分で喧嘩別れとなり帰ってきたのである。

子会社の社長は自己破産を申し立てた

子会社の社長たちは銀行借入れの連帯保証人になっており、保証債務については大多数の銀行は同じサラリーマンとして同情し寛大な措置をとってくれたが、結局、子会社の社長たちは、自己破産を申し立てた。私はサラリーマンの悲哀を感じて何も言えなかった。そこで感じたのは地銀の方が債務者に優しく、会社更生計画にも協力的であったことだ。一方、都銀は厳しい姿勢で臨んできたが、最終的には会社更生計画案に賛成し、無事会社更生案が認可された。そして後日、会社更生計画案どおりの弁済が終了した。通常会社として蘇ったのである。

この一連の銀行交渉の過程で、銀行の品格や文化、それに担当者の人格、人柄がよく見えた。そして銀行の公共的使命や、地方企業を育成し、成長させるという銀行の使命についても深く考えさせられた。それ故私は、顧問先銀行の経営委員会（常務会）への意見書の最終行には必ず「銀行の公共的使命からみて本件の施策は妥当である」と結びの言葉を入れている。

私が本気で喧嘩した銀行は全て吸収合併されるなどして、単独行として生き残っている銀行はない。銀行経営はマイナス金利政策などで厳しくなっている。貧すれば鈍するで、ますます銀行の品格が問われる時代になった。

経営者保証ガイドラインの本旨

銀行の無税損金処理を促すためのガイドライン

経営者保証ガイドラインの実行について考えさせられる事件にぶつかった。私は九州の弁護士の代表として経営者保証ガイドラインについて、中小企業庁の審議会で意見陳述をする機会を与えられた。中小企業庁の当初案では、企業の債務が民事再生等で債務を圧縮されるのに対し、経営者の連帯保証債務は企業債務の圧縮に連動されないことから、その連動策についての問題意識からの意見であった。
私は、審議会の議論を聞いて国家が経営者の連帯保証の債務圧縮に協力することについて、驚くと同時に感動した。銀行協会と商工会議所が策定したこのガイドラインは、端的に言えば銀行が無税損金処理をするためのものだが、法的拘束力はない。経営者の苦悩や情況を知っている銀行の現場の担当者は、何とかして経営者の債務を圧縮してあげたいと思うものの、そうなると銀行は有税損金処理を強いられるため、そのままでは損害を蒙ることになる。だから私は、中小企業庁の審査会では経営者の連帯保証債務を圧縮するには無税損金処理が可能になる措置を金融庁が講じるべきだと強調したのである。
私もこれまでの経験からわかってはいたが、体力のある有力銀行はガイドラインの制定前から経営者保証債務の圧縮を実施していた。銀行はこのガイドラインにより無税損金処理を堂々とやれることになったのである。

預金者の利益だけを守ることが銀行の公共的使命なのか？

ある経営者が急死した。その経営者は経営者向けの生命保険に加入していたが、その生命保険に銀行が質権設定契約を締結していた。私は経営者の妻から相談を受けて、その銀行に対して、個人債務は生命保険金から相殺してもよいが、会社の連帯保証債務については「経営者保証ガイドライン」に沿って解決してもらいたいと要望した。

銀行はすぐに、東京の顧問弁護士に本件処理を依頼したが、キャリアが20年に満たないその顧問弁護士は、法律を杓子定規に適用し、生命保険金全額を経営者の連帯保証債務と相殺すると主張した。私は、銀行の幹部が顧問弁護士の見解をどう修正するか見守っていたものの、幹部は、顧問弁護士の見解どおりですの一点張りである。私はこの返事でこの銀行の体質と文化を知った。この銀行は銀行の公共的使命を理解していない。地銀として必要な地方の企業を育成するという義務を放棄している。預金者の利益を守るために連帯保証債務を全額回収するのが銀行の義務だというのは、本当の意味での銀行の公共的使命を理解していない。因みに私は他の地銀に、貴行だったらこの場合どうするかと尋ねたことがあるが、皆、異口同音に「生命保険金の存在を不知とするか、幾分か銀行がとってほとんどの生命保険金を未亡人に渡す」と言う。

未亡人の生活保障をどうするのか。それが経営者保証ガイドラインの神髄なのではないか。

株式上場の意義

近年、企業の株式を上場したいと夢を語る起業家が少なくなったが、かつては、株式上場という野心を語る人が多かった。上場すれば、①外部資本の導入でキャッシュフローが潤沢になる、②企業の宣伝効果もあって売り上げが伸びる、③新入社員の募集に効果的、などと言われていた。現に私の顧問会社の経営者が上場を目指すと野心満々に語り、その目標を達成した会社も数社ある。その一方で、上場を準備していたものの、夢を実現できなかった会社もある。

しかし、10年くらい前から上場、非上場のメリット、デメリットの分析がなされ、冷静に上場の意味を考える経営者が増えたように思う。現に、サントリーや竹中工務店などは今でも非上場だ。

ファンドの出現

株式上場の夢を語らなくなった理由のひとつに「ファンド」の出現があると思う。ファンドはファンドの投資家に対して利益を還元する必要から、投資した企業に短期的利益を要求する。一方で、企業は基本的に長期的視点で会社の存続や利益を追求していく。特に日本では長期的視点で経営戦略戦術を講じる企業が多い。オーナー企業として零細企業から出発し、創業者の知恵と工夫によりこつこつと新規事業を立ち上げ、長い期間にわたって試行錯誤を重ねながら大企業になったケースも少なくない。パナソニックやソニー、ホンダ、出光興産、サントリーなどがそうである。上場すれば創業者は株式の売却により「創業者利益」が得られていたが、税制の改正によりその利益が薄れてきたこともあるだろう。

しかし、オーナー企業は今でもオーナーの独断専行で経営することができるが、サラリーマン社長ではどうしても短期的な視点による経営戦略に陥りやすい。それがファンドの狙い目で、短期的利益が出ない企業はファンドの株式配当額を増やせとの主張に、ますます負い目を感じるようになる。日本ではファンドが「ハゲタカファンド」と蔑称されているように、ファンドに対する警戒心が日ごとに強くなっている時代の風潮もあるだろう。

銀行は目利き能力を鍛えよ！

日本の銀行や大企業もファンドを創設することが多いが、私はそうした経営戦略や風潮が好きになれない。ましてや銀行がファンドを創設して新規事業を支援するくらいなら、本業の銀行業務でベンチャー企業に融資して育成に努めるべきではないかと思う。ファンドを子会社化して本体の銀行業務の監査や監督官庁の監視を逃れようとする姿勢には、何を考えているのかと憤りを感じる。

昔の銀行家は目利き力を磨き、勇気をもってベンチャー企業に融資をしていた。銀行家はもう一度起業の原点に立ち返るべきでないか。

第6章

ある再建型任意整理と債権回収

事後報告ばかりの銀行担当者

法的整理か任意整理か

私は、企業再建を実現させるにはまずは任意整理を先行し、それがダメな時に法的整理をする主義である。それは、法的整理では柔軟に対処できないことが多いからである。

法的整理には会社更生法と民事再生法がある。民事再生法では、監督委員がいる。これは裁判所が、会社経営について自分は無能ということで、弁護士を監督委員に選任して、それを通じて再生会社を指導監督する手法をとったのである。

ところが、監督委員の弁護士も会社経営について法律を四角四面に解釈する人間にあたるとうまくいかない。会社経営には「エイヤー」の世界もあるし、債権者にも合理的差別をして企業再建した方がよい場合が多々あるからである。

但し、手形決済が間近に迫っている場合は、手形不渡りを阻止するために保全処分決定をとる必要があり、その場合は民事再生の申立を利用せざるを得ない。手形不渡り処分を受けてしまうと、明確に倒産という烙印を世間に押されて企業再生が困難となるからである。

ここからは、私が債権者代理人から債務者代理人になって企業再建をしたケースを扱う。

事後報告は時間の無駄

私が顧問をしている銀行が、あるパチンコ会社に80億円ほどを融資していた。返済が滞りだしパチンコ会社は銀行管理となった。銀行はその会社の金庫番として、2人位を派遣し、かつその経営の主導権を銀行が把握した。私は銀行の顧問弁護士として銀行の債権回収に従事することになった。パチンコ会社には別の顧問弁護士がいた。私はパチンコ会社の経営会議にも毎回出席し、現在の会社の経営状況を常に把握するようにしていた。そして銀行の事業金融部と密接に接触し、銀行の考え方をチェックし、かつ、指導監督する立場であった。

パチンコ会社の企業再建はその顧問弁護士が立案し、銀行と協議していた。その協議には私もときどきは参加していたが、銀行の報告は事後報告が多かった。私は銀行の報告を聞いていると怒りが爆発し、「その方針は誰が決めたか。なぜ決定する前に私に相談しないのか」と担当者を怒鳴りつけていた。担当者には気の毒であったが、企業再建について私の意見が通らないことに私はいらついていたのである。

その担当者は、同僚に「萬年弁護士は打ち合せのときはいつも怒鳴るのか」と質問したらしい。担当者は同僚から「いや、そうではない。私の時はいつもにこにこして打ち合せしている。お前が事後報告ばかりするから、怒鳴られるのではないか」と言われたらしい。そのとおりである。弁護士との打合せは事後報告ではなく、事前に弁護士の意見を聞かなければなんら意味はない。弁護士は事後報告ばかり聴いても時間の無駄と思うだけなのだ。

オーナーの反乱

ワンマン会社という企業文化は承継される

パチンコ会社はオーナーである社長のワンマン会社であった。私の顧問先である銀行はオーナーである社長が経営責任を取って退陣をするよう迫り、その息子が後任の社長に就任した。オーナーは企業再建の暁には、社長復帰の条件であった。ところが、後任社長は30歳くらいであったが、これが経営者の器ではない。オーナーの息子であることを鼻にかけて、権力行使するばかりの無能な社長であった。それればかりではなく、会社で不正を働いたことでその社長も経営責任をとってもらうしかないという事態になった。

その後任の社長には会社の大番頭がなった。この会社に限らず大体ワンマン会社の社風というか企業文化はワンマン体制が習慣化されるのである。従業員社長であるがミニオーナー化して、あたかも自分がオーナーであるかのような態度で社の内外で振るまった。

マッカーサーは俺だ！

私が幹部会議や経営会議に出席して会議の情況をみていると我慢ができなくなり、思わず「お前たちは銀行管理の会社経営をわかっていない。銀行管理とは今までの経営陣は経営能力がないから銀行が経営に乗り出しているのだ。それは丁度日本が第二次世界大戦で敗戦し、マッカーサー占領軍が日本に駐留して占領支配していたのと同じだ。この会社のマッカーサーとは俺だ」と啖呵を切った。当然のことながら「先生、マッカーサー発言は失敬ではないですか」と抗議がでた。私は「やかましい。銀行管理の実態がわかっていないから君たちが理解し易い例え話をしたのだ。銀行から派遣された金庫番の言うことを聞け」と怒鳴りあげた。

ちょうどその頃、従業員間で派閥争いが出現し始めたので、私は一喝すべき時機を狙っていたのである。それ以来、従業員たちは私の言動を注視しはじめた。

ところが私が顧問をしている銀行は体力がだんだんと低下しており、金融庁の重点監視銀行になっていた。私の発言は銀行の発言と理解される。私の思惑と銀行あるいは金融庁との思惑は食い違ってくる可能性がある。それ故、私がこの会社の経営会議に出席して発言すれば銀行に迷惑をかける可能性がでてきた。そこで私はこの会社の経営会議には出席せずに銀行の担当者の報告を聞くようにした。それが前述の事後報告ばかりで、私はイライラがつのるばかりであった。

オーナーが反乱開始

ところが、ある銀行がこの会社に対する債権をファンドに譲渡した。このファンドは典型的なハゲタカファンドであり、債権回収には手段を選ばない。他方、オーナーは自分は勿論のこと、自分の息子まで社長の地位を追放されて不満が爆発し、あろうことか事件屋に相談して事件屋が次々と企業再建の妨害工作を始めたのである。

その会社の株式はオーナーが所有している。次に、そのオーナーから株式を奪取するにはどうすべきか。

債権者破産申立は正しかったのか

債権者破産申立てと従業員会社化

オーナーの反乱をどう鎮静化するか、顧問先の銀行と徹底的に議論した。結局、その会社の株式を保有しているオーナーの一族に対して債権者破産申立をして、株式を剥奪するしかなかろうということになり、私は初めて債権者破産申立をした。これは同様に、オーナーが相談していた事件屋を排除する意味もあった。

私は破産申立書を起案して裁判所に提出した。そして裁判所には、私の知人である左翼弁護士を破産管財人に推薦した。それは、従業員会社にするためには労働者の立場を理解できる弁護士が適任と思ったからである。ほどなくして破産宣告が下り、破産管財人と協議して、オーナー（破産者）のこの会社の株式は従業員の幹部に売却した。この会社は名実ともに従業員会社となった。私は、裁判所には破産者の免責決定は出してもかまわないと、口頭では意見具申をしていた。オーナーの反乱の鎮圧という目的は達したからである。

オーナーは破産決定で、私が今まで見たこともない豪邸も売却処分をうけた。オーナーはさすがに、破産者となり無一文になって、意気消沈した。しかし、オーナーは銀行が自分を裏切ったと思い、抗議のために、毎日の如く担当銀行員に電話をしまくっていた。銀行員は音をあげて私に救いを求めてきた。私は前オーナーに電話をして面談の約束をした。私は前オーナーから愚痴を十分に聞いた。前オーナーが言うには「会社の顧問弁護士や銀行に私の愚痴を聞いてもらいたいと思っても、誰も私を相手にしてくれない。だから私は知人に紹介してもらった事件屋に相談をしたのだ。一体私はどうすればよかったのですか」と言う。私はいたく同情した。

私は施しなど受けない

前オーナーは一文無しになって、タクシー運転手やパン工場に就職しても三日ももたない。生活にも困窮していると訴える。私は従業員に、前オーナーが生活に困窮しているから、正月の餅代として100万円カンパせよと指示をして、私は100万円を預かり保管した。私は、前オーナーを呼んで「これは従業員の気持ちです。受け取って下さい」と言って100万円を差し出させた。すると「私は乞食ではない。従業員から施しをうける程私は落ちぶれてはいない」として受け取りを拒否した。私はこの言葉が前オーナーのプライドをいたく傷つけたと思い、「これは私が貴方に貸し付ける。但し、この金は従業員から私が預かったものだから、私がこの金を横領したと従業員に思われたくない。だから、私宛に領収書を書いてくれ」と言って１００万円を渡した。

私は前オーナーに対する配慮が足りなかったと反省した。その後も私は前オーナーの愚痴を何度も何度も聞いてあげた。しかし、この事件を通じて私は債権者破産申立をするべきではないと痛感したのである。

ハゲタカファンドとの闘争

頭でっかちの弁護士とハゲタカファンドのやり口

パチンコ会社の融資元である某銀行から債権を譲り受けたファンドは、いかんなくハゲタカぶりを発揮しはじめた。抵当権に基づく競売申立をするばかりか、抵当権に基づく物上代位による賃料差押等、さまざまな方策を講じてきた。これは、典型的な頭でっかちの東京の弁護士のスタイルである。債権回収の実践的手法としては、債務者と会ってその実情を聞いて確実かつ最大限の回収策を講じるべきである。交渉も面談もなしにいきなりの法的措置であった。

後日、ファンドの代理人弁護士に会うと40歳前後の弁護士で、私の想像していた弁護士像そのものだった。対抗策は、パチンコ会社の顧問弁護士が方針を講じていた。パチンコ会社を分割して、大きく2つのグループ会社に分けて営業をさせたのである。

売却先のサービサーの顧問弁護士も頭でっかちだった

銀行には80億円の貸付金があったが、他の金融債務を少しずつ買い集め、総額170億円の貸付残となっていた。私は、この現状では、パチンコ会社は170億円の金融債務の返済はとうてい無理だろうと判断した。従業員も数百人いる。その家族を含めると1000人は超すだろう。私は顧問先の銀行の担当者に、このままではこの会社の再建は無理であり、銀行も債権回収は無理であるからサービサーに債権売却するしかないのでないかと忠告した。

幸い担当者も私と同じ思いであったらしく私の意見に賛成し、銀行の経営陣を説得してサービサーに債権を売却した。そのサービサー、正確に言うとファンドの代理人弁護士もこれまた、実践的債権回収策を講じない頭でっかちの弁護士であった。抵当権を設定しているにもかかわらず、貸付金請求訴訟をしたり、債権者破産申立をしたりするなど、弁護士の着手金稼ぎとしか思えない方策をとってきた。これにはサービサーの担当者もあきれ果てていた。

萬年流徹底抗戦

私は徹底的に引き延ばし作戦をとり、時間稼ぎをした。貸金請求訴訟では、請求原因事実には争いがないから、和解の申し出をして、和解条件で徹底的に引き延ばし、１年ほど経て和解決裂をして判決をもらい、予定どおり敗訴した。敗訴しても債権者は強制執行できる差押物件はない。

また、債権者破産の審尋では、そもそもハゲタカファンドの振る舞いは日本人弁護士として恥と思わないかから始まって、ファンドは日本の会社の再建に資するように便宜を図るべきであると指摘した。そしてこの債権取得金額は大体安いのであるから、それに利益を少し上乗せした金額で債権の買い戻しに協力するのがファンドではないかと強調して、１年間ほど審尋を引き延ばしてきた。ところが、裁判官は１年も破産審尋を引き延ばすのに限界に来たらしく、破産宣告をした。私は怒って「破産するならやってみろ。債務者は一切破産管財人には協力しないから」と言って審尋室から一方的に退出したのである。

マッカーサー発言の責任を取る

もはや利益相反にはなるまいと判断した

私は債権者である顧問先銀行の代理人から債務者であるパチンコ会社の代理人に変じた。それは、パチンコ会社の役員会における私のマッカーサー発言故であった。前述したように私は銀行=債権者の顧問弁護士としてこの企業再建に従事していたが、170億円の負債を返済するのは無理と判断して、顧問先である銀行の担当者を説得して、この債権をサービサー=ファンドに売却処分させた。そうするともはやこの債権は顧問先である銀行とは無関係となった。ところがパチンコ会社の幹部は私のかつてのマッカーサー発言を覚えていて、幹部一同が私の事務所に来て「先生、当社と銀行はもはや無関係となったでしょう。私たち幹部は企業再建の手法には無知ですから先生の手助けが必要です。先生、マッカーサー発言の責任をとって下さい」と私に強く要請した。

この企業は会社分割して二つのグループに分けられていたので、片方は本来の顧問弁護士が担当し、もう片方は私が担当しなければ従業員は全員路頭に迷うことになるだろうと考えた。銀行の顧問弁護士であってももはや銀行とこの会社は債権者債務者の関係がなくなった以上、利益相反にはならないだろうと判断して、私は引き受けることにした。

私が担当したグループは3社から成立していたが、財務状況はよくわかっていた。明らかに着手金を支払う余裕もないから、私は着手金をもらわずに、毎月の顧問料をもらうことにして企業再建に乗り出すことにしたのである。

再建の道筋が見えない

私はまず抵当権実行を阻止するために毎月の定期払いをする必要があると思い、ファンドに対して毎月１０００万円の定期払いをしろと指示した。ところが定期払いをする財務的余裕はないと言う。私はこの企業の再建の手法が全く想像できず、時間が過ぎていくのみである。

幸いにしてファンドの債権回収委任を受けているサービサーの担当者は、債務者であるこの企業の実態をよく理解しており、現実的で無理のない債権回収策を私と協議するものの、ファンドは全く理解しない。頭でっかちで理論先行型であり、法的措置を次々と繰り出してくるのである。

私は合法的妨害対策を次々と講じてこのファンドにほとんど債権回収をさせないように講

じた。ファンドが抵当権に基づく賃料差押えをすると、直ちに一番抵当権者に同様に賃料差押をするよう指示して空振りに終わらせるようにした。

このファンドの代理人弁護士は変わった人間で、私と裁判所で喧喧諤諤と喧嘩しても、その後私の事務所に来て、再び議論をするのである。私は時間引き延ばしに丁度よいと思ってこの議論につきあっていたが、私には未だ企業再建の方針が立たない。定期払いもしないのであるから、ファンドが怒り狂うのもわかるのであるが、いかんせん企業再建の道が見えないのである。

担当する弁護士の力量に賭ける

新しいファンドの代理人弁護士に感謝

そうこうしているうちに、ファンドの債権回収委任を受けているサービサーが廃業することになった。同時にこのファンドがこの債権を他のファンドに売却処分することになった。

私も譲渡先のファンドの身元調査をすると、どうも商社系のファンドらしいと判明したので、このファンドに接触する方策を立てていた矢先であった。

新しいファンドの代理人は大阪の弁護士であった。その弁護士は私に会うなり「私は、先生の弟子であるA弁護士とは司法研修所で同期同クラスです。先生の人柄はA弁護士から聞いています。互いに協力していきましょう」と挨拶する。早速A弁護士と連絡をとると、「彼は研修所の寮で私の焼酎の一升瓶を勝手に飲み干した男ですよ」と言う。私はA弁護士に「そうすると君は彼には貸しがあるのだな」と言うと、A弁護士は「そうです」と笑う。

A弁護士のおかげで相手の弁護士の人柄がわかり、私は再建の手法は、「当社が欲しい店舗は、なるべく安い担保抹消代で解決し、その余の不動産はファンドに譲る」と伝えた。すると彼は具体的な担保抹消金額をメモにして渡してくれた。私がみると、一桁違うのではないかというほど安い値段であった。私は彼の配慮に感謝した。

担保抹消代金の調達

私は早速、経営幹部に担保抹消代の資金の金策をせよと指示する一方、私の別の顧問先の銀行に新規の融資依頼をした。不動産の担保価値は借入金額の10倍はあるから、融資はつくだろうと判断した。ところが、銀行の営業店は非常に乗り気であったが、本店が融資は無理と判断した。私は余程、頭取に電話をして「地銀の公共的使命は何ぞや。地方の企業や産業を育成するのが地銀の公共的使命ではないか」と怒鳴りたくなった。

若い経営幹部は金融機関に知り合いもなく、借金もしたことがなかった。しかし、驚いたことに幹部たちは友人、知人たちに必死に頼んで担保権抹消金額を用立てしたのである。その資金で担保抹消して無事当方が確保したい店舗は無担保となった。これで自社所有物件は無事確保できた。

新しいファンドへの感謝を忘れない

私はファンドの代理人弁護士に深々と頭を下げて感謝の意を表した。大阪の事務所にも何回か訪問して、従業員会社の育成に協力してくれるように要請した。前のファンドの頭でっかちの弁護士の他の2社への債権者破産申立も取下げてくれた。私はそのお礼の気持ちを込めて、当社が不要としている店舗の売却にも協力して、「せりあげ方式」を実施して、ファンドが組んでいた予算より1億円以上の高値で売却処分させてあげた。

サービサーやファンドの債権回収策は一般に短期に最大限の債権回収をはかるものだといっても、弁護士の力量如何でどうにでもなるという典型的な事例であると思った。債権回収策は情況をみて現実的に実施すべきである。

一人の縁の不思議さ

賃借店舗の取捨選択に悩む

再建中のパチンコ会社には賃借している店舗が2店あった。1店舗の営業成績はよかったものの、もう1店舗は赤字経営であった。賃借店舗に限らず、どの店舗を残し、捨てるかは高度の経営分析が必要であり、同業他社の動向等から刻々とまた情況が変化するのである。

私は「弁護士と銀行員は経営能力がない」というのが持論であるから、店舗の取捨選択は経営陣に任せる方針である。勿論、弁護士として経営陣に意見を言うが、それはあくまで企業再建として現実的な選択なのかという視点からの意見表明である。

貸主も借主もギリギリの情況での交渉だった

経営陣と何度も議論するが、この従業員会社の経営幹部は若いから、どうしても弁護士である私が主導権を握らざるを得ない。賃借店舗の賃料も相場より高い。それは、家主もまた、これまた企業再建の途上にある会社だから、どうしても高く安定した賃料が欲しいのである。どっちも生きるか死ぬかの瀬戸際に立たされている当事者である。

経営幹部と激論を戦わせて赤字店舗は手放して借家権を一方的に放棄しようと決断した。放棄後賃料を支払わないのである。賃貸借契約では中途解約は許されず、違約金が発生する。しかし、違約金を支払う経済的余裕はない。貸主がどう出てくるかを待つしかない。

再建途上の会社は赤字経営を続けることは許されない。当然、貸主も安定収入が欲しい。しかし、貸主も苦しいのだから、法的措置をとってくる時間的、財政的余裕はないはずである。そう読んだ私は貸主と積極的に交渉して賃借店舗をひとつにして、賃料値上げで交渉のケリをつけた。貸主も当方の不義理を責めてもどうしようもない。ある程度の違約金を支払っても貸主、借主が双方ハッピーにならない絶対的情況に陥っていたからである。

「人の縁」ということ

私は貸主の代理人弁護士には深々と頭を下げて「不作法であったが、当方も生きるか死ぬかの瀬戸際で数百人の従業員を路頭に迷わすことはできない。事情は理解していただきたい」と謝罪した。貸主側の弁護士は、私が懇意にしている尊敬する弁護士であったが、幸いにも大人の態度で対応してくれた。

これでこの企業の再建は完成した。あとは経営陣が日々の経営に努力して、従業員のために汗と知恵を流すだけだ。

しかし、再建型任意整理は本当に人の縁如何によって成功か失敗かに分れる。私はたまたま2番目のファンドの代理人と私の弟子の弁護士が友人であったから、変に駆け引きをせずに正道を貫いて無事目的を達した。やはり、弁護士も日々の仕事で信用第一の仕事をしていないと目的を達することはできないと痛感したものである。信用は「嘘はつかない。約束を守る」の2点に尽きる。しかしながら人の縁の不思議さに驚いたものだ。

これでパチンコ店の再建のエピソードの項を終える。

勝手払いとの闘い

堪忍袋の緒が切れた

「取引先を殺してもよいなら秘策がある。営業部長として決断せよ」と私は言い渡した。

顧問会社の取引先が勝手払いをして不良債権が3億円も累積していた。私が取引先の常務と4回ほど交渉してもらちがあかない。私は依頼者であれ、相手方であれ、打合せを終えると必ずドアの所に立って見送るようにしているが、この常務の横柄さに呆れ果て、「もうあんたは帰れ！」と言って見送りしなかった。私にとっては初めての経験であった。そこで顧問先の営業部長に決断を迫ったのである。

私の顧問会社とその取引先は月商2億円の取引であるから、取引停止をすれば年間24億円の取引がなくなることになる。営業部長としても悩むはずである。

私は10年ほど前に、ガソリンスタンド（以下、「GS」という）が勝手払いをして2億円を滞納した事件で、石油元売側として法定重利の請求までして全額回収したことがある。一審の勝訴判決を得て、GSの取引銀行の内3行に差押をしたら、GSが根をあげ、差押命令後1週間も経たずに遅延損害金を含めて全額回収したのである。

まずは営業部長の決断を迫った

本件の取引先にも徹底した債権回収策を講ずる必要があると判断した。

取引先は通信販売会社である。通販会社は客からの銀行振り込みが多い。そうすると取引先の最大の弱点である銀行口座を仮差押するのが一番効果的である。しかし、仮差押をしたら、恐らく銀行取引停止になるのは必然である。営業部長は本店の会議に出席するたびに不良債権3億円の存在で罵倒されていたから、本当に悩んでいた。私は私で取引先の通販会社の30歳代の常務があまりにも横着な言動をし、かつこの取引先はいくつも訴訟事件を抱えていた事実を覚知していたから、この際取引先を徹底的にやっつける必要があると判断した。

私は営業部長に、「取引先を殺せ。つぶせ！」と強硬に説得すると、営業部長と総務部長がやっと決断した。「先生、取引先を殺しましょう。年商24億円の取引がパアになっても構いません」と営業部長が言う。

銀行からの圧力を狙う

私は早速取引先のメイン銀行に仮差押申請をした。すると申請した3日後に、取引先は3億円全部を支払ったのである。メイン銀行が取引先に「仮差押命令がきていますが、御社はどうなっているのですか。期限の利益を喪失して貸付金の一括返済を求めますよ」と言ったのである。実は銀行の債権仮差押申請によるこの銀行からの間接的な圧力を狙って債務者を責めたのである。取引先の代理人には私の親しい弁護士が就任したが、私はその弁護士に「背中から鉄砲の弾が飛んでくるから注意しろよ」と言って全額回収することができた。

その後営業部長は、本店に行ってもこの3億円の話は誰も興味をもたなくなったと嬉しい報告をしてくれた。

残金12億円の内金1億円の仮差押え

年商50億円の会社の不良債権は15億円だった

リーマンショック後の話である。あるゼネコンが15億円の建物を建築したが、上場会社である施主は請負代金を1円も支払わない。施主はその建物をファンドに売却するから、それまで請負代金の支払いを待ってくれと言うのみである。ゼネコンは年商50億円ほどの会社であるから15億円の不良債権の存在は大きい。

私は、リーマンショックでファンドバブルは崩壊したと理解していたから、ファンドにはその建物を買う能力はないと判断した。また、金融機関はリーマンショックの影響から不動産融資をほとんど実行していないから、ファンドにもその建物購入代金の新規融資はしないと睨んだのだ。

とりあえず3億円は支払います

私は早速施主に受任の挨拶状を送ると、常務が私の所にすっ飛んできた。私が15億円はいつ、どう支払うかを尋ねると、施主は「ファンドに転売するまで今暫く猶予をくれ」と言う。

私の予想した回答だったので、私はすかさず「今時ファンドが購入するお金はないだろうし、銀行も融資しないだろう。御社は上場会社であるとしても、こちらはいつでも御社を潰す方法は知っている。マンション会社が黒字決算していても運転資金の欠乏で次々と倒産しているじゃないか。当社は既に10億円以上を下請会社に下請代金を支払っていて運転資金にも事欠いている。お互いに運命共同体として共に倒産する覚悟はおありかな？」と鋭く追及した。常務はびっくりしていたが、私の真剣な表情を見て、「とりあえず2、3日中に内金3億円を支払います」と言う。すぐに私は「残金12億の支払いはいつか？」と問うと、現在メイン銀行に融資依頼中ですと言う。私はそのメイン銀行の幹部を知っていたので、問い合わせてみようかと冗談っぽく言うと、相手は「それだけは止めて下さい！」と必死になって頼む。

1億円の仮差押え

私は3億円の入金を確認すると、部下に直ちに残金12億円の内1億円について賃料債権の仮差押をせよと命じた。その建物は今だ表示登記もしていないにもかかわらず、テナントには引渡し済みであり、賃料は毎月3000万円を施主に支払われていたからである。内金1億円にしたのは、仮差押の予納金は請求債権の3割前後だと裁判所が言うだろうから、逆算して、私の依頼者の運転資金状況をみて1億円としたのである。

第三債務者はテナントである。くだんの常務は当方が賃料の仮差押命令の申請の準備をしているのを知らずに、事情説明に頻繁にやってくる。私は部下に一貫して強気で交渉にあたれ、場合によっては相手を倒産させる覚悟であるということを言外に主張せよと指示してきた。

賃料の仮差押命令が下りて、第三債務者に送達された。さて相手方はどう出てくるか。

1か月で15億円の回収ができた

賃料の仮差押命令が第三債務者であるテナントに送達されると、その情報は直ちに相手方である施主にもたらされた。

賃料仮差押えの威力

施主の常務はあわてて私の所に飛んできた。私は「この仮差押はほんの挨拶代わりです。御社を倒産させる方法はいくらでも知っている。次は御社のメイン銀行に仮差押をすれば、御社は致命的ではないの?」と涼しい顔で言った。相手は、「本件仮差押命令は既にメイン銀行も知っており、早く善処せよと強く言っています。又、本件について融資実行も急ぐと言っています。」と言う。私は「それは双方にとってハッピーな事ですね。本件仮差押が御社にとっても福の神になったじゃないですか」と表情を変えずに言った。それで融資実行日はいつか、それと引き換えに仮差押手続の取下げをしましょうと言って別れた。

残金12億円の決済

銀行は、当然その建物に担保権の設定登記をするから、必然的に表示登記、保存登記をする必要がある。その登記手続をする土地家屋調査士は私の知り合いであった。登記手続の打ち合わせを済ますと、あとは融資実行を待つのみであった。4、5日後に融資実行ができると判明して私の事務所で決済手続をした。私が15億円の債権回収の戦略戦術を考えたから、あとは私の部下の弁護士に任せた。高額の不動産決済を主宰する場数を踏ませて度胸をつけさせるためである。

12億円は私の依頼会社に直接振り込みさせた。この依頼会社は私がかつて10年かけて企業再生した会社と運命共同体であり、大変お世話になった会社であり、会社の内情もよく知っていた。また高齢の会長がわざわざ私に依頼に来られたから、私は何が何でもこの会社の危機を脱する手助けをしなければならないと思ったのである。私の所に相談に来られて、1か月もしない内に15億円の請負代金を全額回収できたことになる。

私はこの事件ではファンドバブルの実態と崩壊をつぶさに分析していた。私は、もともとファンドバブルをにがにがしく思っていたから、リーマンショックでバブル経済が決定的に崩壊すると、喝采を叫んだのだ。リーマンショックは金融資本主義の敗北を示した。果たして金融資本主義は正しいのか。実体経済を主軸に考えると、産業資本主義が本来の姿であり、金融はあくまで経済の潤滑油であり、金融が主役になるのはおかしいのである。金融派生商品を金融工学を駆使して作り出したものの、当事者もその商品の内容を理解できず、又、将来も見通せない無責任な金融商品をもてはやしたのがそもそも間違いだったのである。やはりバブルであった。

任意整理と不動産売却

再建型にしろ、清算型にしろ、遊休不動産を売却することが多い。問題となるのは、その不動産の売却方法をどうするかである。

破産管財人の場合も同様な問題に直面するが、弁護士の公平中立を保持するためにコンペ形式をとり、一番高額な買値をつけた人に売るとする弁護士が多い。私に言わせればそれは弁護士の保身でしかない。

せり上げ方式

私はその方式を採らず、知り合いの不動産業者に情報を流し、その中で一番高い買値をつけた人に売却するが、その際必ず買付証明書を提出してもらうようにしている。それは、担保権者にその買付証明書をＦＡＸして、この値段で担保を抹消してもらえるかを打診するためである。

担保権者と協議した買付金額を買付証明書を出している不動産業者に情報提供し、買値をつり上げていく方式である。私はこの方式で最初の買値から1億円以上つり上げたことがある。担保権者とはどこらあたりで手を打つか常時協議することになる。

ある物件では、担保権者から「この買値金額は簿価をはるかに超えているからＯＫ」と返事をもらって、私が買付業者に買主決定の通知を出して不動産売買契約書を締結した。そうすると担保権者は決済の時に立ち合い、また、その場で担保権者に債権額を振り込む手続きをすることから、担保権者も安心する。

私が「せり上げ方式」を採用することで、買付業者が私を恨むのではないかと思ったところ、「あなたを気に入った。ついては当社の顧問弁護士になってくれ」と言われて顧問弁護士になったケースもある。

大事なのは依頼者対策

私が最も神経を遣うのは対依頼者関係である。私と不動産業者が癒着しているのではないかとの誤解をいかに回避するかである。私は、売主側の仲介業者がいる場合は、不動産仲介手数料は3％＋6万円分ではなく、一律に2％としている。これで私の依頼者は、仲介手数料が安くなることから、私と不動産業者の癒着の疑いをもたない。そして仲介業者からの接待やバックリベートは絶対受けないことは言うまでもない。

顧問先の担当者を指名

前回の清算型任意整理の場合は、私の顧問会社である不動産会社の担当者を指名して依頼した。それは区分所有者が何人かおり、そのビル全体を売却するにあたり、相当困難な事態に遭遇すると予期したためで、その担当者の真面目で根気強く交渉するスタイルを知っていたから、その担当者に賭けたのである。区分所有者の中には欲が強い人もいたが、私の依頼者とその担当者が粘り強く交渉してビル一棟を売却することに成功した。不動産会社の上司がお礼に来訪されたが、私はこの担当者だから本件ビルの売却ができたのだと強調した。

第7章

刑事事件で思うこと

一　刑事裁判の今昔

最近の刑事法廷

先日最高検察庁の幹部と雑談していたら、その幹部は「昔は刑事法廷で、たとえ殺人犯や暴力団員、コソ泥でも、『お前の今までの人生は暗かったなあ。お前も苦労したんだね』という人生ドラマが展開されていた。しかし、今の刑事法廷ではそんなことはないね」と述懐されていた。

私は昔も今も刑事法廷では被告人の人生ドラマを展開し、「被告人の犯行動機には同情すべき余地は十分にあるのだ」と裁判官に強調している。そして場面によっては、私は弁論をしていて絶句し、落涙するのを我慢するのに苦労することもある。私の友人弁護士の中にも、弁論の途中で被告人に同情をして法廷で号泣したケースが何件かあるという。

ところが最高検の幹部が言うには、最近の検事は検察庁のマニュアルどおりに、弁護人は日弁連の刑事弁護委員会の指示どおりに訴訟を展開しているという。

刑事裁判で裁かれている被告人は生の人間である。人は今までの人生のドラマをそれぞれがもっている。そのドラマを刑事法廷で展開しなくて、果たして被告人は納得するのであろうか。ベルトコンベア方式で単に犯罪行為を糾弾し、マニュアルどおりに弁護をするだけでは、とうてい被告人は納得すまい。「確かに罪を犯したことは悪いが、俺にはやむにやまれない事情があって犯行に至ったのだ」という主張があるはずだ。その事情を弁護人が法廷で展開しなくては、被告人は実刑判決を受けて刑務所に行っても決して更生の途は歩まないことであろう。あくまで裁かれているのは「人間」であることを忘れてはいけない。

私もかつてヤクザから「俺だって好きこのんでヤクザになったのではない」と号泣されたときは、いたく被告人に同情し、返す言葉がなかった。ただただ「あなたも辛い人生を歩んできたんだね」と言うしかなかった。

被告人の改善更生と被害者感情

昔は罪を犯したのは社会、国家が悪いと弁護人が主張していたが、今や法曹三者が「被告人を更生させるにはいかなる方策がよいか」と真摯に法廷で議論をするようになり、隔世の感がある、と裁判官が述懐していたことを想起する。犯罪は糾弾されるべきであり、その責任を被告人は負うべきであるが、果たして被告人が更生するにはどうしたらよいか、どういう方策を講じたらよいかを法曹三者が知恵を絞り出すのが、刑事裁判の本質であろう。

今や裁判員裁判の時代になり、裁判員も人を裁くということで相当に悩み、被告人の更生の途、被害者の感情を斟酌して重い決断を迫られている。裁判員制度の導入により重罰化の判決が増加し、しかし被告人の更生のために保護観察付執行猶予判決が増加しているのは、裁判員の悩みの象徴であろう。

知的障害者の犯罪

ここは初めてです

昨今、知的障害者の犯罪者の取り調べや更生の途はいかにあるべきかが議論されている。私もかつて知的障害のある被告人の国選弁護人を務めたことがある。記録を読むと窃盗の執行猶予中の更なる窃盗事件であった。早速拘置所に被告人に面会に行って、「あなたはこの拘置所に何回収容されましたか」と聞くと、被告人は「ここは初めてです」と言う。「いや2回目でしょ？　前の刑事裁判は某弁護士が国選弁護人だったでしょう」と言っても「わからない」の連発である。被告人は、今回逮捕されたときは、前回の国選弁護人の接見を求めたにもかかわらず、今やその弁護人のことも忘れている。接見しても会話が成立しないのだ。

私は早々に接見を打ち切って、早速被告人の母親と連絡をとった。その際、学校時代の通信簿も持参するように指示した。被告人は高校を卒業しているが、通信簿は1と2のオンパレードである。母も被告人を特別支援学級には行かせず、普通学級に通学させるのに苦労したことを、涙を流して説明した。母は離婚して母子家庭であり、さらに病身で、生活保護を受給中であった。

裁判は成り立っているのか

私は検事に電話をして、捜査段階で責任能力について簡易鑑定をしていないかと尋ねると、検事はすぐに私に「簡易鑑定書」を送付してきた。被告人は真顔で「刑事裁判とは何ですか」、「なぜ私はつかまっているのですか」、「裁判官とは何ですか」と法廷で口にする。被告人質問も成立しないのである。それにもかかわらず、捜査段階では理路整然とした自白調書が作られている。被告人が空き巣に入って、まんじゅうや貯金箱の小銭を盗んだのは間違いなかろう。執行猶予中の犯行であるから実刑判決は必定であろう。しかし彼を刑務所に送っても団体生活はできず、刑務所でいじめに遭うのも容易に想像できる。実刑判決は、被告人を刑務所で更生教育を施し、社会に戻っても再び犯罪を犯さないようにするのが目的である。この被告人を刑務所に入れることで、果たして再犯を防止することができるのであろうか。

裁判官は実刑を下した

私は弁論で、被告人を刑務所ではなく知的障害者の施設に収容して、「働くことの意味、社会生活を送る意味、生きる意味、集団生活を過ごす方法を学ばせた方が被告人の人生が豊かになるし、再犯を防止できるばかりか一般予防にも役立つ」と力説したが、裁判官は実刑判決を下した。判決宣告後、被告人はぽかんとして「実刑とは何ですか」と裁判官に法廷で尋ねる。裁判官は被告人のその言動を責任回避と思ったであろう。

しかし、この実刑判決で被告人の再犯防止や社会の一般予防の効果は果たしてあるのか、非常に疑問である。知的障害者の犯罪にどう対処すべきかはもっと議論をし、皆で考えて知恵を出すべきであろう。

高齢者の犯罪

ある無銭飲食事件

今や日本は高齢化社会に突入し、かつ家族の絆もだんだん薄れてきている。そして高齢者の犯罪が増加し、刑務所はいわば介護施設化している。高齢者の犯罪の内容も無銭飲食（詐欺罪）や万引き等である。しかも世間と刑務所を行ったり来たりする懲役太郎、花子が増加している。

私も懲役太郎の無銭飲食事件の国選事件を担当したことがある。その被告人は医者の息子で、親の生存中はずっと親のすねをかじり続け、両親が死ぬと兄弟姉妹は被告人と絶交し、被告人は仕方なく無銭飲食の連続である。拘置所や刑務所でも独房を希望し、他人との接触をいやがる人生を続けていた。今回は、刑務所を出所して二日後に「てんぷら定食」を無銭飲食して逮捕されたのである。

被告人の絶望

私は記録を読んで早速、被告人に接見に赴いた。犯行が事実であることは確認した。被告人は「早く刑務所に帰りたい」と言う。「刑務所は衣食住が完備されているから」と言う。私は被告人に「あなたの人生はむなしいと思いませんか?」と尋ねた。被告人は「いや、人と接するのがイヤなんです。だから独房を希望しているのです。私は早く死にたい」と無気力に言う。私は被告人の絶望的境地にどう接したらよいのであろうか。累犯であるから実刑判決は必定である。このまま被告人を刑務所に入らせて果たして被告人の更生、いや人生に展望はあるのであろうか。実刑は、再犯防止にも役立たないと私自身が深い絶望に陥った。

高齢犯罪の刑事政策

こういう被告人の境遇の身である高齢者が増加して、刑務所は介護施設化しているのであろう。老人になると認知症状が発現し、そうなると刑事裁判や刑務所の機能は一体いずこにあるやという疑問にぶつかるのだ。高齢者の犯罪はやはり刑務所ではなく、福祉の問題として解決するしかないのではないか。生活保護費の支給や介護施設等への収容で、高齢者の犯罪の予防や更生をするしかなかろう。犯罪行為の糾弾ばかりが特別予防や一般予防に資するわけではない。犯罪の防止や犯罪者の更生教育は時代と共に進化し、変遷させるべきなのだ。

刑務所が介護施設化したら、刑務官も介護の任にあたる受刑者もつらいであろう。刑罰も時代の潮流として、たとえば刑罰として社会奉仕業務に一定期間従事させるとか知恵を出し合っている。

高齢者の犯罪対策には、単に刑事裁判の感銘力とか刑務所の収容では解決できない問題点がたくさんあるのだ。私は高齢者犯罪対策には社会福祉政策を通じて特別予防や一般予防を果たすしかないと思う。あくまで刑務所の収容は犯罪者の更生教育をするという教育刑の理念が貫徹されるべきであるのに、高齢者の犯罪はその理念が貫徹されていないのに問題があるのだ。

指詰め

暴力団員の指詰めの傷害事件を担当した。ある幹部が不義理をしたので、指を詰めてケジメをつけることになった。しかし、その幹部は自分で指を詰めることができずに、親分に指詰めを手伝ってくれと言い、親分は別の幹部に指詰めの手伝いをさせて、二人とも傷害罪で起訴されたのである。

被害者の指を詰めた人間（以下、被告人という）は、私がかつて4～5回刑事弁護をしたことがあるヤクザであり、私もかわいがっていた男である。「俺も好きでヤクザになったのではない」と拘置所で号泣したこの男に私は、「貴方も辛い人生を歩んできたんだね」と言って親近感を覚えたのである。だからこそ私は被告人にいたく同情し、親分は武闘派で鳴らしていたから、「あんたが悪いだろう」と接見で言っていた。

しかし、記録を読んでみると、被告人は別件で警察に事情聴取を受けている途中に捜査官に指詰めの事実を告白し、更に根も葉もない事実を次々と喋っている。親分はその記録を読むと「嘘八百もいいかげんにしろ」と激怒して徹底抗戦の戦術をとった。

私も、かつてかわいがっていたこの指詰め男（被告人）のほうが、むしろ、仁侠道に反しているのではないかと思い、裁判では2回に渡り各1時間以上徹底的に反対尋問で問いつめた。さらにその被告人は、私には示談金欲しさに、「示談した方がよいのでないか。そうしないと捜査機関や裁判所に厳罰に処してもらいたいと言う」と脅す。その上、警察と組んでその組潰しに協力したものの、用が済むと警察は逃亡資金のみ与えて被害者をポイと捨てた。その上警察はその男に「福岡に帰ってきたらお前を逮捕する」と脅した。逃亡先では生活の術もなく、その男は強盗傷害罪で逮捕、起訴されて懲役7年の刑を受けた。

お互いに人を見る目がない

この親分も人が良い男で、かつての子分が差入金もなくて困っているだろうと言って、私の反対を押し切って、当分の生活資金としてある程度の金員を現金書留で送金した。男はそのお礼として示談書や手紙を親分に書いてくるが、いざ2回目の証人尋問でも親分に不利な、根も葉もない嘘の事実を次々と証言するのである。私は激怒して尋問で攻撃するが、むしろ親分の方が私に「先生、落ち着いて」と合図をするが、興奮している私の目には入らない。裁判所も大体事案の真相を理解して、親分の尋問を4～5回に渡って丁寧に聞いてくれた。判決は実刑判決であったが、2年間に渡って争っていたせいか、未決勾留日数をほとんど算入して、検察官と弁護人の双方の顔を立てる判決だった。

暴力団に厳しいこのご時世を理解して親分は控訴せずに刑務所に入った。しかし、仁侠道も地に落ちたものだ。私も親分も「互いに人を見る目がない」ということで意見の一致をみた。

男と女の関係

子を虐待する夫の弁護を依頼する妻

子供を虐待したとして懲役7年の実刑判決を受けた夫の刑事弁護をしてくれと、その妻が事務所にやってきた。私の噂を拘置所内の未決囚から聞いたと言う。私は、見知らぬ人の要請でも1回は会うか、多忙を極めているからと断りの葉書を出すかいずれかをしている。無反応であれば弁護士懲戒問題に発展しかねないからである。

妻を呼んで事情を聞いた。娘は妻の連れ子で夫は再婚である。記録を一覧すると肉体的虐待は目をそむけたくなるばかりでなく、3人の娘のうち2人には性的虐待までしている。私は妻に「自分の実の娘がこんな虐待を受けてまでもなぜ、夫を許すのか。なぜ未だ夫と面会し、刑事弁護人を探すのか」と質問した。妻はただ前夫と比較して夫は優しい人だからと言う。「優しい夫がなぜ貴女の娘たちにこんな虐待をするのか。娘たちの貴女に対するSOSの合図に貴女は気付かなかったのか。貴女は夫との性的関係の快楽を忘れることができないのではないか」と糾問した。児童保護施設も私と同様の解釈で、妻に母親失格の烙印を押して娘たち3人を児童保護施設に収容して、母と隔離した。私は一瞬、この母は知的障害者ではないかと思った。

ヤクザの情婦

こんなケースもあった。ヤクザの情婦となり、売春行為をしている某有名国立大学を卒業した女性の事件を担当したことがある。私は彼女に「なぜ貴女みたいな知的な人がヤクザの情婦となり、しかも売春までして男との関係を維持する必要があるのか。すぐ男と別れて別の人生を歩んだ方がいいのではないか」と説得した。しかし、女性はその男と別れずに1年後に覚せい剤で逮捕されたのである。

男と女

男と女の関係はわからない。常識的に考えればこの男と別れた方が得策か否かはすぐに判断できる。暴力を振るわれて心理的に支配されてしまい、男から逃亡できない場合もある。その男とのセックスの快楽を忘れることができずに別れないケースも想像できる。

もっとも女性は決断するまでは優柔不断で動揺するが、一旦決断すれば決断が揺れ動くことはない。今までに扱った離婚事件を見ていると、決断した女性は強い。男性の方が、一旦決断しても揺れ動くケースが多いことは、経験上理解した。

しかし、男と女の関係は当事者でないと判明しないことが多過ぎるのである。だから離婚問題の相談を受けると、なるべく、当事者間の交渉や知り合って今日までの経過報告を手記風にまとめるように指導して、本当に離婚すべきか否かを当事者に再考させる機会を設定するようにしている。こちらが、「けしからん人間だ、絶対に離婚させてやる」と思って、一生懸命弁護士が奮闘しても、夫婦は元の鞘に収まるケースがあり、その場合は弁護士はピエロとなるからである。

非行少年

私は茶髪を受け入れられない

私はここ20年近く、福岡県警察学校で、主として少年事件を担当している警察官に「少年法」を教えている。

私は茶髪が生理的に受け付けられず、当番弁護士で非行少年の接見に行くと開口一番「お前は日本人なのになぜ茶髪をしているのか」と怒鳴ってしまうので、少年事件を扱う付添人活動を辞退した。刑事弁護（少年事件も含む）の根幹は被疑者、被告人の心情にどれだけ添うことができるかに掛かっているからである。だから県警から講師依頼があったときは「私はミスキャストだ」と辞退したのであるが、話がおもしろいし、講演後の受講生のアンケートでも評価が高いとおだてられて今日まで続けている。

少年係の担当者に対しては警察官や裁判官、検察官も講演しており、その講師は皆若いし真面目に少年法の条文解釈をしていることだろう。そうすると私に求められていることは、少年法の精神や、少年係としてはどういう姿勢で仕事に取り組むべきかという心構え論を講義することだと判断した。

少年の可塑性というもの

若い弁護士同様、若き警察官も少年係志望は多く人気が高い。それは、少年は成人犯罪者と異なり、環境に影響を受けやすく、また可塑性に富んでいるから立ち直る確率が高く、更生した少年たちを見ると自分の仕事のやりがいが見えるからである。そして非行少年になる経緯は劣悪な家庭環境や家族関係に起因していることが多く、それを調整することで立ち直る機会が得られるからである。

少年法の精神

少年法の精神は、国親思想に基づき、国が子供たちの親代わりになって子供たちが劣悪な環境を脱すること。即ち、子供の健全な育成を第一義と考えている。いわば「子供は国の宝」の思想に基づいており、国は子供の健全育成と福祉の観点から非行少年の更生を図っている。その意味で、大人の刑罰による更生と異なっている点は強調されなければならない。

成人の犯罪者は刑事裁判の法廷構造から異なっており、戦前は遠山の金さんのような「お白洲裁判」に象徴されるように、裁判官が主役で検察官や弁護人は脇役で日本の治安を維持しているのは裁判官だという思想が貫徹していた。戦後は、裁判官は純粋な判断者であって、裁判官は検察官の嫌疑を引きつがせないようにしたのが起訴状一本主義であって予断排除の原則がとられた。日本の治安を維持しているのは検察官、警察官であるが、裁判では検察官と弁護士は対等とされた。

これに対して少年法は、警察の捜査関係資料が全て裁判所に引き渡され、それに少年鑑別所の技官の鑑別報告書や家裁の調査官の報告書を参考にして裁判官がこの少年の健全育成、幸せのためにはどう処分したらよいかと判断する。そこには予断排除の原則や厳しい証拠法則は排除されて、裁判官が国親思想を背負って処分を下すことになる。講演では、その判断資料を収集するのが君たち警察官の仕事だ、子供の幸せのために各人が役割分担と連携するのが少年法の精神だと強調している。

人を裁く①～公平な第三者としての裁判官

人を裁くということ

裁判は民事であれ、刑事であれ、事件と人を裁くものである。特に刑事事件では人の身体を拘束し、懲役刑、場合によっては死刑判決を下すことがあり、人を裁くのは重大な責務である。民事事件でも人の主張の正否を判断するのであるから、人を裁くのには変わりはない。

人を裁くのは絶対的真実を知る神のみができるのであり、不完全で間違いを起こす人間には裁く資格はあるのかという古典的命題はあるとしても、今回は人を裁くことを職業とする裁判官について考えてみよう。

職権主義と当事者主義

裁判では所詮、絶対的真実は人間には理解できないという前提で、裁判制度は進展してきた。古代では沸騰している湯の中に手を入れて火傷をしたか否かで真実を見極める裁判方式であったが、それはさておき、近代の刑事裁判制度は職権主義から当事者主義へと変遷してきた。

職権主義は、裁判官が絶対的真実を知り得る者として、検事と裁判官を兼任したもので、裁判官を絶対的に信頼できるとする制度である。遠山の金さんや大岡越前のお白州裁判を想起してもらえれば、理解できるであろう。しかし、1人の人間が人を糾弾する側と裁く側の二役をできるとする制度は、誤判を招く原因でないかと疑問が生じ、その制度は人民が永年に渡り制度改革してきたものである。

裁判官はあくまで中立的な判断者に徹すべきではないか、それによってこそ真実に到達しうるという制度思想が、当事者主義である。当事者主義について、東大教授だった故平野龍一氏がおもしろいたとえ話をしている。ダイヤモンドの輝きは見る角度によって輝き方が違ってくる。刑事裁判では、検察官の見る角度と被告人、弁護人の見る角度によっての輝き具合を裁判官は冷静にみて、その輝き具合から、真実はどちらの主張が正しいのかを判断するのであるという。

私はこれ程当事者主義の哲学を表現しているものはないと思う。所詮人間は絶対的真実を判断する能力はなく、相対立する当事者（検察官vs被告人）によって提出された証拠によって真実を見極めるのが裁判官であるというのが当事者主義の哲学である。これは英米型の訴訟哲学であり、ヨーロッパ大陸は職権主義による訴訟哲学である。そのことは法廷の構造や弁護士の法廷における役割と地位をみれば歴然と理解できる。

フランス法廷を見れば、弁護士は「裁判官様、被告人の立場はこういう状態です。お慈悲を」の嘆願調であるが、英米型の法廷では、弁護士は依頼者の主張を堂々と主張して、自己の依頼者の主張を公正に判断するよう裁判官に要請する。そこには裁判官と弁護士は対等の立場にあることが前提である。

日本では戦前の職権主義（大陸型）から戦後の当事者主義（英米型）に変遷してきたが、そこには人類の失敗の歴史から学ぶ英知が出現してきたのである。

人を裁く②～裁判官の訴訟指揮

弁護人は被告人を裁いてはいけない

刑事裁判では有罪の主張、立証は公益の代表者である検察官の役割である。国の秩序を保つ義務は国家にあり、その代表が検察官ということだ。弁護人は、被疑者、被告人の主張を、それも、それが法律的に通用するか否かを問わずに、被告人の納得感を満足させるために被告人を代弁しなければならない。弁護人は被告人を裁いてはいけないのだ。

裁判官は概ね優秀

検察官と弁護人の相互に対立する主張と立証をみて、裁判官はいずれの主張、立証が真実に近いか否かを合理性を考慮して判断する。これが結果的に裁判官が人を裁くということになる。したがって裁判官は、訴訟当事者が十分に納得できる人格を保つべきであるし、訴訟指揮をしなければならない。

日本の裁判官は、最高裁が、司法試験や二回試験（司法修習の終了試験）の成績をベースにして人格高潔な者を裁判官に選任している。弁護士の私からみても極めて優秀な人が裁判官になっていると概ね思う。

しかし、中には変な人物が裁判官になっているが、最高裁もそれを承知の上で10年の再任時に再任しないという方式で取捨選択をして淘汰している。

早く判決を書け

私も民事裁判で頭でっかちで理屈ばかり主張する裁判官に出会い、この裁判官は記録を十分に精査していないなあと感じた。私の尊敬する弁護士がそういう裁判官に対して「君の和解には応じない。早く判決を書け。控訴審で勝負をつける」と啖呵を切ったことがある。

私が出会った若い裁判官は、私の主張は訴訟要件（これを要件事実という）に合致していないのではないかと言うので、裁判官はどの学説に基づいて言っているのかと反問すると、私の知らない東大教授の名前を言う。私は早速、私の弟子にその教授の本を出させて調査すると、私の信奉している東大教授の孫弟子くらいにあたり、理論的には違いはない。そこで私は次回の裁判で「裁判官の信奉する学説と私の信奉する学説には違いはないのでないか。私は君の和解には応じない。早く判決を書け」と叫んだ。

判決には裁判官の苦悩の跡が残っていた。判決には、私の不利な部分を、なんとか私に媚びを売って説得しようとする跡もみられたが、一部勝訴にすぎなかったので控訴した。

控訴審で和解

控訴審の担当裁判官は、原審の判決には大岡裁きの部分もありますねと、にやにやしながら私に和解を勧める。私は弁護士になってこれほど義憤を覚えた事件はなかったし、裁判官も「よく頑張りますね」と感心して、相手方を一生懸命説得していた。私は一審判決は仮執行宣言で全額回収していたので、その上乗せ分で和解をした。

この事件では、一審の裁判官が記録を十分に精査せずに頭でっかちの理論を展開したから私は立腹したのだ。須く裁判官には公正なる謙虚な訴訟指揮が要求されるということだ。

人を裁く③〜裁判官失格

刑事裁判でも裁判員裁判制度の採用以来、裁判員以外の通常の裁判が変容してきている。刑事裁判では有罪の主張、立証は検察官の責務である。弁護人は検察官提出の証拠書類を裁判に利用できるか否かの同意権をもつ。同意すれば裁判官はそれを証拠として採用する。

裁判官が介入してきた

元夫婦のＤＶ事件で、私は、被告人である元夫が元妻に暴力を加えたのは事実であるから、有罪の答弁をし、なぜ元夫が元妻に暴力を加えたのかの背景事情を法廷で明らかにしていこうという訴訟戦術をたてた。そこで検察官提出の書証は全部同意して、被害者である元妻の悪性格で被告人がなぜ暴力を振るわざるを得なかったかを主張立証することにした。

ところが事前に書記官から「被告人調書の取調べは一旦留保して、弁護人側が被告人の主張を調書以外で証言させてくれ」と連絡してきた。私はその意味がわからず、情状証人や被告人質問で元妻の悪性格を詳細に立証していた。ところが裁判官は「被害者のいない法廷でそんなに被害者の悪口を言うのはどうですかね」、「被害者が悪かったら暴力をふるっていいんですか」と介入してきた。

犯罪には必ず動機、理由がある。それを主張立証せずして被告人が刑事裁判に納得せず、又、裁判の感銘力も持たずに判決を受けるのは、刑事裁判の自殺でないかと思い、「裁判官、そんなに短絡的思考はするな。被告人の犯行の動機と被害者の悪性格を立証するのは本件では当然でないか」と抗議した。裁判官は一瞬沈黙したが、私の尋問には不満の様子だった。

弁護人の悪口ばかりの判決

この裁判官は補充尋問で被告人、情状証人が困惑するような質問をした。判決は保護観察付執行猶予であったが、前科前歴がない被告人には実刑判決と同様だった。判決理由では弁護人の独断と偏見の意見が多くとあり、弁護人の私の悪口ばかりであった。

なかなか判決文が来ないので書記官に催促の電話をすると、判決の理由を書かない調書判決でどうですかと言うので、私は断固拒否して、判決理由を明示した正式な判決書を出せ、後日問題にするからと言った。

私は本来ならば控訴して判決理由の訂正を求めたいと思ったが、被告人がしないと言うので控訴するのは止めた。

裁判官失格！

私はこんな刑事裁判官に遭遇したのは初めてであった。刑事裁判官は謙虚であり、辛抱強く我慢して被告人側の主張を聞き、貴方の主張を全部聞いてあげたからこの判決を聞いて十分に更生して下さいという刑事裁判の感銘力を教示するのが、刑事裁判官と理解していたのである。

裁判官は法廷では自分が絶対的な権力者であり、それにもかかわらず自分の思うような訴訟運営をしないと気が済まないというのは、自分は絶対的真実を探求できると錯覚したもので、それだけでもう裁判官失格だと思う。この裁判官は人を裁いているという自覚を再認識すべきだろう。

人を裁く④～裁くのは裁判官

依頼者といえども全ては信用しないのが弁護士

弁護士は人を裁いてはいけない。弁護士は依頼者、相手方の主張を聞いて客観的証拠（たとえば書証等）を見て、事案の真相を究明するものだ。

そもそも、人間は自分に不利なことを積極的に他人には言わない。弁護士に対してでも然りである。依頼者の主張を相手方にぶつけると正反対の事実であったりして、弁護士は依頼者から何度も欺されて、依頼者といえども全ては信用しないという習性を身につけてくる。

もちろん、この習性には弁護士が依頼者を裁いているという側面があることは否定できない。

しかし、事実に反する依頼者べったりの言動をし続けると、今度は裁判所や相手の弁護士、世間に信用されなくなってくる。その調整がむずかしい。

被告人の納得感というもの

私は、刑事事件のときは、私が被疑者、被告人の立場であった場合、その場面でどういう言動をしただろうかとの前提で考えてから、被疑者、被告人に質問していく。私が彼の答えに納得できる場合は全力投球で刑事弁護をする。納得できない場合は、その旨明確に犯罪者には告知し、裁判官はきっと有罪判決を下すが、君の主張を全面的に展開すると言う。これはあくまで被告人の納得感を満足させるためである。刑事裁判では、手続において被告人の納得感がないと、刑事裁判の更生には何も役立たないからである。

民事事件の場合、依頼者はさかんに相手方の悪口を言う。それが法律上の主張に則していればいいが、則っていない場合は即座にそれは君が負けだと宣言する。問題なのは依頼者が真実を私に述べているか否かである。弁護士も人間だから不完全であり、又、人間は自分に不利な事実を積極的に言わない習性を持っていることを知っている以上、半身に構えて全面的に信用しないのだ。

二律背反の相克が弁護士を育てる

私の失敗談だが、昔、ある暴力団組長が民事事件の依頼に来た。私もその当時若かったから、どうせ組長だからどこまで信用できるかと半身に構えて裁判に臨んでいた。ところが裁判の展開でどうも組長の主張が真実ではないかと思い始めた。私は思わず組長の言っているのが本当みたいだねと言うと、組長は「私は一貫して真実を先生に言っていますよ」と言ったのだった。

依頼者が暴力団の組長だからということから、私は完全な予断と偏見で依頼者を見ていた。それ以来、私は誰に対しても、謙虚にしかし欺されないように依頼者の話を聞くようにしている。とかく暴力団というと民事事件では予断と偏見をもちたがるが、民事事件では暴力団員が欺されたり、不当な扱いを受けていることが、少なからずあるものなのだ。

本当に人を信用することは難しい。人を裁いてはいけないし、弁護士としての世間の信用も維持しなければならない。この二律背反の相克が弁護士を育てていくのであろう。

陽は西から昇る～当番弁護士制度発足25周年①

当番弁護士制度の総括

福岡県弁護士会が待機制の当番弁護士制度を1990年12月1日に発足させて25年経過したことから、それを記念して2016年2月27日に福岡県弁護士会がシンポジウムを開催した。私も講演者兼パネリストとして登壇することとなり、主として一般会員（弁護士）を巻き込んだ当番弁護士制度設置運動の総括発言を求められた。

私は、この運動の総括として次のとおり述べ、以下の3点を強調した。①当番弁護士制度は、福岡県弁護士会とマスコミと市民の協同行為により発足した。②福岡県弁護士会の会内民主化の達成と若手を前面に出す文化を形成した。③刑事弁護の会員の相互看視とOJTの実施が達成できた。

当時の刑事裁判の状況

1990年以前の日本の刑事裁判は、弁護士の刑事弁護離れの現象があり、弁護士の刑事弁護の未熟さ、努力不足、不勉強があり、他方では捜査の肥大化、公判の形骸化現象（公判廷での捜査調書の引き渡しという儀式化）で弁護士の無力感が漂っていた。それをして刑事法の大家である故平野龍一元東大総長は「日本の刑事裁判はかなり絶望的である」と喝破されたのである。

同時期、死刑再審事件である免田、松山、財田川、島田各事件で、無罪判決が続出した。いわば死刑囚が死刑台から蘇ったのである。これは裁判所にも相当ショックだった様子で、誤判を避けるにはどうしたらよいかを互いに模索している情況だった。

また、当時は弁護人が被疑者と接見しようにも、弁護人が検察官に接見切符をもらわないと接見できない情況であった。日本の刑事訴訟は、弁護士と検察官は対等であるという当事者主義を採用しているにもかかわらず、なぜ弁護士が接見切符を検察官にもらいに行かなければならないのかという素朴な疑問と、刑事訴訟の哲学と構造に対して現状の捜査と公判手続きは間違った運用をしているとの確信を持つものの、どうしてよいかわからない情況だったのである。

上田国賠訴訟弁護団が当番弁護士制度運動の担い手となった

ちょうどその頃、福岡県弁護士会の刑事弁護のエースだった上田國廣弁護士が、殺人、死体損壊遺棄事件で、被疑者との接見にあたり、検察官からひどい接見妨害を受けた。そこで上田弁護士は、1986年に、上田弁護士を原告とする接見妨害に対する国家賠償請求事件を提訴したのである。そのとき福岡県弁護士会の当時の400人の会員のうち、実に70%の280人が上田弁護士の代理人に就任した。

この上田国賠事件弁護団が、まさに当番弁護士制度の設置運動の担い手となったのである。強固な組織体制を築いて福岡県弁護士会が総力を挙げて運動し、弁護団会議を重ねて起訴前弁護の勉強会を多数回実施した。そして、中高年、若手の弁護士が一致団結して上田国賠訴訟を闘った。この運動で、福岡県弁護士会の会内民主化の達成と若年弁護士を前面に出す文化が熟成されたのである。

陽は西から昇る～当番弁護士制度発足25周年②

福岡は待機制で開始

当番弁護士制度は、弁護士が被疑者・関係者から被疑者弁護人の要請があれば、直ちに被疑者弁護に駆けつける制度である。大分県弁護士会が1990年9月に名簿制を発足させた。

福岡では１９９０年10月６日から同月15日まで30人の視察団を英国に派遣した。視察団は、当番弁護士制度は福岡でもやれるとの確信をもって帰国した。そして１９９０年12月１日に、福岡部会１３４人（福岡部会会員の40％）で、日本最初の待機制当番弁護士制度を発足させた。名簿制と待機制の違いは、当番弁護士がすぐ出動できる体制か否かである。

当番弁護士制度はイギリスで発足し、我々がそれを知ったのは１９８９年５月２日にＮＨＫが放映した「ドキュメント冤罪——誤判はなくなるか。英米司法からの報告」だった。私はあまりテレビを見ない方だが、たまたまその番組は見ており、起訴前弁護では良い制度でないかと思っていた。

１９８９年に松江市で日本弁護士連合会の人権大会が開催されることとなり、「刑事裁判の現状と問題点」をテーマとした「福岡報告書」を作ろうとして企画会議を開催した。その企画会議で、同番組を見た弁護士が３～４人いて、当番弁護士制度が話題となった。企画会議では、「弁護人を必要とする被疑者がいて、相談したいという要請があればすぐ出かける。その受け皿には当番弁護士制度が最も適している。これで起訴前弁護の充実化につながる」ことが確認された。

現在の刑事裁判の究極的問題点は起訴前弁護にあり、起訴前弁護の充実化という方向性が、全員の共通認識となり、1989年7月7日の第3回座談会で「当番弁護士制度」を採用すべしというのが、福岡県弁護士会では多数意見となったのである。

東京弁護士会法友全期会での発言が全国での実施を導いた

そして1989年10月27日に、私は、上田国賠事件弁護団から、東京弁護士会の法友全期会10周年シンポジウムの「被疑者国選弁護の実現を目指して」に派遣された。東京の弁護士は口ばかり達者でなかなか行動が伴わないので、私は思わず会場発言で「もはや議論の段階ではなく、実践の時だ。福岡では当番弁護士制度を導入する」と博多弁で捲し立てた。これは私の独断専行ではなく、前述した福岡報告書の議論の結論を、私が発言しただけである。

しかし、その発言の影響力は私の予想を超えていて、全国に波及することとなり、福岡が待機制当番弁護士制度を確立すると、約2年後の1992年10月に、日弁連によって全国実施がなされた。

名簿制の当番弁護士は大分県が1990年9月に発足させていたが、大分県が100人も弁護士がいない県なのに実現させたのだから、他会の当番弁護士制度を設置しないという口実は封印された。福岡は運動戦略上、大分県に「貴会こそ日本最初の当番弁護士制度を導入したのだから、責任をもって遂行せよ」とはっぱを掛けて、2年足らずで全国的制度にしたのである。

陽は西から昇る～当番弁護士制度発足25周年③

当番弁護士制度をマスコミも応援した

当番弁護士制度はマスコミの応援も強力だった。

従前の犯罪報道は捜査機関の主張を一方的に報道するのみで、マスコミ報道の原則である、双方の主張を取材して報道するという報道の客観化はなされていなかった。つまり被疑者の主張を無視した「犯罪報道による犯罪」であった。

マスコミは、当番弁護士制度を窓口として、警察の情報に偏ってきた犯罪報道を改革し、容疑者の人権を守り、冤罪を未然に防ぐ目的で、画期的な犯罪報道の改革を意図した。一方で、マスコミも絶望的な刑事裁判の状況を何とか脱却する方法を模索していたのである。

我々弁護士は、当番弁護士制度は起訴前弁護の充実をいかにさせるかとの視点から運動していたが、報道機関が容疑者側の声も聞いて客観的な報道をすることまでは夢想だにしなかった。とりわけ地元の西日本新聞の活躍には目を見張るものがあった。１９９０年10月30日号の社説で「当番弁護士に期待する」と主張し、１９９２年12月から「福岡の実験」として「容疑者の言い分」を掲載し、その専従記者も置いた。同社は「福岡の実験」で１９９３年度の日本新聞協会賞を受賞している。

朝日新聞記者が最高裁と日弁連をせっついた

他方、朝日新聞も１９９１年１月28日号の一面トップで「当番弁護士制、九弁連４月にも実施　冤罪、違法捜査防止へ　電話で留置所に急げ」の見出しで大々的に報道した。しかし、これはいわば意図的な誤報であり、むしろマスコミの弁護士会に対する期待感の表れであり、これにより弁護士会は当番弁護士制度の社会的責務を認識することとなった。

更に朝日新聞は、１９９１年11月21日号で「当番弁護士制度、最高裁協力の方針」と大々的に報道した。これは朝日新聞の福岡地方裁判所担当の司法記者が最高裁刑事局長に面会して取材し、かつ、日弁連にも赴き、「最高裁も当番弁護士に協力すると言っているが日弁連はどうするのか」とせっついたのである。そこで日弁連は最高裁に働きかけて、両者の協議が始まり、裁判所は当番弁護士告知システムを開始することになった。

監修福岡県弁護士会

私は、新聞各紙が当番弁護士制度の必要性を報道するのだから、テレビの影響力を利用しない手はないと、テレビ局に当番弁護士のドラマ化企画を持ち込んだ。その結果、ＲＫＢが東芝日曜劇場「こちら当番弁護士」（奥田瑛二主演）を１９９３年1月24日に放映してくれた。このドラマの原案は、福岡の若い弁護士の実際の当番弁護士活動報告書が基になっており、脚本家がシナリオを書いたものだ。福岡県弁護士会もこの撮影に全面的に協力し、「監修福岡県弁護士会」として放映された。

このように、マスコミ各社も刑事裁判の活性化と犯罪報道の客観化を図って、弁護士会と協力し、２００６年に被疑者国選弁護制度が発足したのである。

陽は西から昇る～当番弁護士制度発足25周年④

市民のバックアップ

当番弁護士制度が普及した第三の柱は市民の協力と応援だった。

福岡では1994年に「当番弁護士市民の会」が発足した。福岡県弁護士会は当時、刑事裁判の形骸化現象を打破するには「陪審制度」を採用すべきではないかと考えていた。そこで福岡県弁護士会は、陪審制度を普及させるためには模擬陪審裁判を実施した方がよいだろうと考え、これを企画したのである。

市民から模擬陪審員を募集し、それを10班くらいに分けて評議してもらった。事件は弁護士が脚本を書いて、役者も弁護士が演じ、それを市民に評議してもらうシステムをとった。私は主催者側の人間として、評議を10分単位で、各班を傍聴して回った。

私はその時、市民の見識は素晴らしいと感じた。自分の今までの人生生活で、あの犯人の考えはこうだった、自分は昔柔道をやっていたが、あの投げ方では相手はあまり傷を負わないのではないか等の議論を聞いていて、市民の判断能力や議論力も十分ではないかと感じた。ただ、わざわざ模擬裁判に参加しようという意識の高い人たちだから特にそう感じたのかもしれない。

模擬陪審員経験者を「当番弁護士市民の会」に組織化

この模擬陪審員の経験者をそのまま解散させるのは勿体ないと思い、弁護士会と今後とも意見交換会を開催できないかと考えた。そして模擬陪審員の有志が「当番弁護士市民の会」

を設立し、当番弁護士制度と被疑者国選制度の確立を目指す運動体として、福岡県弁護士会が全面的に市民の会を支援した。福岡の当番弁護士市民の会は活発に活動し、それが全国的に広がり、各地で「当番弁護士市民の会」が発足、全国大会にまで発展した。それが被疑者国選弁護制度が２００６年に発足する原動力になったのである。

刑事弁護の質の向上

福岡では、当番弁護士は出動の度に当番弁護士報告書を弁護士会に提出する。ベテランの弁護士がそれをチェックして弁護方針のアドバイスをするなどして刑事弁護の質的向上を図り、かつ刑事弁護の手を抜いたりしたら皆から批判されるということで、相互看視の体制が黙示的に成立したのである。弁護士間では国選と私選のサービスの質的差別をどうつけるべきかと冗談で言い合うほどに、当番弁護士の弁護技術が発展していった。昔は国選弁護人で第1回公判期日前に被告人に1回も接見に行ったことがない人がいたが、今やそういう人は国選弁護人リストから除外するようになった。弁護士は専門家であるから無償奉仕では制度、運動としては長続きしないため、1回の出動にあたり1万円の手当を弁護士会の費用で支払った。これで市民の弁護士に対する見方も変化した。

以上が、当番弁護士制度が「日弁連の戦後最大のヒット商品」と言われた所以である。

刑事弁護人の涙

刑事弁護人は、刑事記録や打合せを通じて被告人の生い立ちや育った環境を知る。想像を絶する苛酷な環境に育って、家を飛び出し、生活をするために窃盗等で少年院に送られる。成人してもまともな定職に就けず、刑務所と世間の往復を繰り返す「懲役太郎」の生活を続ける人もいる。

ある出所者の娘との再会

20数年前の国選事件の被告人がそうであった。人生の一時期は幸せなときもあり、結婚し娘も誕生した。その幸せな生活も永続きせず、また懲役太郎の生活に戻った。彼は60歳を過ぎて刑務所を出所した。久し振りに娘に会いたいと思い、逡巡しながら思い切って娘に電話した。「近所にいるので会いたい」、と言うと娘はすぐ飛んできてくれた。娘は父を見ると胸の中に飛び込んで、父の胸をたたき「父さんの馬鹿」と言いながら泣き叫んだ。父は「ごめんね、ごめんね」と言いながら、涙をぼろぼろ流して泣いた。

その場面を法廷で被告人が証言すると、私は思わず絶句して涙が頬を伝わった。父にとって娘は恋人以上の存在なのだ。私はその父と娘の感情が痛いほどわかり、なんと非情な再会なのだと思った。

永山則夫

被告人である父も好きこのんで懲役太郎になったのではない。死刑を執行された永山則夫死刑囚の『無知の涙』を読むと、想像を絶する苛酷な家庭環境で育ち４人を殺害するに至った事情に絶望感を覚える。苛酷な家庭環境で育っても立派に人生を過ごしている人が多いのも事実だが、人間は基本的に弱いものだ。弱い人間が犯罪を行うに至った事情を刑事弁護人は理解する必要がある。国選事件ではそういう被告人が多数いる。

被告人に寄り添う弁護

私は今でも、20数年前の父娘の再会――それは父娘の真の愛情が通い合った結果だっただろう。――のことを思い出すと涙が出る。父娘とも辛い人生を歩んでいるだろう。しかし、私が絶句して涙を流したことに裁判官や検察官は不思議な風景を見た想いだったかもしれないが、刑事弁護人は、被告人に寄り添った刑事弁護をしない限り、被告人の納得感は得られまい。被告人の法廷での号泣は今でも私の耳に残っている。私は最近、刑事事件の接見の際にこの話をしたとき、自分でも思わず絶句してしまった。被告人は驚いていたが、この父娘の再会の場面は一生私の記憶から消えないだろう。

昨今は累犯者が増え、刑務所も老人が多くなってきた。刑務所が福祉施設に変貌したと言われるが、「刑務所には衣食住があり、世間より生活しやすい。早く刑務所に戻りたい」と、2000円前後の無銭飲食をして刑務所に戻った被告人もいた。私は彼には何も言えず絶望的な境地に陥った。

刑事弁護人はあくまで被告人に寄り添うべきだと思う。

裁判不信

ある脅迫被告事件

人材派遣会社に数カ月勤務した後、自ら人材派遣会社を設立して独立しようとした20歳の若者2名に対し、その使用者とその友人である暴力団の組長が「自分の部下を暴力的に支配するなど部下を掌握できていないだけではなく、得意先もないのに独立するのは無理だ。どうしてそんな無茶なことをするのか」と諌めたことが「脅迫罪」に問われた刑事事件があり、私が担当した。

組長の絶望

私の依頼者は脅迫の現場にはおらず、その時間は入れ墨を入れてもらっていたと無罪を主張したが、共犯者の組長は無罪を主張しなかった。私は組長に面会して、なぜ貴方は無罪を主張しないのかと問うた。組長は「被害者は2人いる。2対1では裁判で負ける」、さらに「どうせ1年未満の刑だから早く刑に服して帰ってきた方が賢明だ」と言う。

その組長が言うのは無理からぬことだと思った。その組長は、かつて暴力団の抗争事件で殺人罪に問われて起訴され、一審で無期懲役となった。高裁では無罪となったが、最高裁で破棄され、その後の控訴審で有罪が確定した。懲役20年の刑に服し、刑務所から帰ってきた直後の「脅迫」事件であった。そういう経験をした人であれば、同一の証拠でも裁判官によっていかようにも解釈され、無罪になったり無期懲役になったりする現実に絶望するだろう。組長も刑事裁判に不信感を抱いている一人だった。

被害者を弾劾しアリバイも立証したが

私はそれ以上組長を説得するのをやめた。そして被害者と称する2人の若者を徹底的に法廷で弾劾したが、よくもあれだけ嘘八百を並べられるものだと思った。入れ墨の彫師を被告人のアリバイ証人として呼んだ。その彫師は当時、入れ墨は医師法違反であるという大阪の刑事裁判（この事件は、地裁では有罪となったが、高裁で無罪。検察官が上告、最高裁で無罪が確定した）で、全国の彫師と団結して闘っていた。警察の嫌がらせを恐れていたであろう彫師の証言は歯切れが悪かったが、「犯行当日の入れ墨作業をしなかったという記憶がないので、スケジュール帳のとおり入れ墨作業をしたと思う」と証言した。これで私はアリバイ立証ができたと判断した。

有罪判決に絶望した

ところが、一審判決はあいまいな彫師の証言ではアリバイは不成立であるとして有罪判決となった。控訴しても棄却である。私は「疑わしきは被告人の利益に」という刑事裁判の原則はどこにいったのかと深い絶望感に襲われ、組長が刑事裁判に絶望しているのに共感した。恐らく、こういう刑事裁判に絶望した被告人は何人もいるだろう。死刑判決確定後に再審で無罪判決を勝ち取った免田事件ほか冤罪事件の被告人たちが根気よく闘ってきた精神や生き様には、強い尊敬の念を抱かざるをえない。

人を裁くというのは本当に難しい。絶対的真実は神のみぞ知るであり、裁判上の真実とは人によりいかようにも解釈できるということだ。

保釈

私には逮捕歴がないから、当然ながら保釈された経験はない。刑事弁護人として保釈請求の経験は数多くあるが、ある刑事事件で刑事弁護人と勾留中の被告人の立場は全く違うということを経験したことがある。

刑事弁護人として保釈を請求する際に、保釈になるかならないかは大体わかる。しかし、保釈は無理だとわかっていても、保釈は請求しなければならない。被告人のために弁護人は一生懸命努力している姿勢を示さないと、被告人との信頼関係を喪失してしまうからである。

1分が1時間にも感じる

保釈決定が内定して、それを被告人に伝えると被告人が実際に身柄を釈放されるまでの時間の感覚は、刑事弁護人にはわからないが、勾留されている被告人としては一刻も早く自由社会に戻りたいという気持ちであろうことは容易に想像できる。しかし、被告人に、「保釈されるまでの時間は1分が1時間にも感じる」と言われたときには思わず絶句した。私はそれ以来、保釈決定が出ても被告人には言わないようにしている。それは現実に保釈されるまでの間、被告人に重い精神的負担をかけてはいけないと思うようになったからである。そして保釈された被告人が実刑判決を受ける恐れがある場合には、判決宣告日に裁判所に出頭したくないという被告人の言葉にも同感できるようになった。

勾留の執行停止と逃亡のおそれ

保釈申請が却下された刑事事件の中で、姉の葬儀に参列したいという被告人の要望に、検察官の示唆で「勾留の執行停止」の申立をして認められたケースがあった。私は、被告人が無事に拘置所に戻ってくるだろうかと不安で、検察庁に被告人は戻ったかどうか問い合わせをしたほどだ。裁判官も被告人の逃亡を恐れて、私に葬式に同行するよう強く要望した。結局、葬儀を終えた被告人は何事もなく帰監した。その際、検察庁は被告人が勾留の身であることを第三者にわからないように尾行していたことに感銘したことを覚えている。

被告人の妻子と会う時には気をつける

被告人は拘置所に収容されると、そのほとんどが精神安定剤や睡眠薬を常用するようになる。勾留生活は人間に精神的圧迫を強いるためだ。私は勾留中の被告人が神経質になることをよく理解している。そうした事実を踏まえ、私は被告人の妻子に会うときはとても神経を遣う。被告人から「俺の女房と浮気しているのでないか」と疑いをもたれないように注意しているのだ。ヤクザの世界でも、勾留中の仲間の妻と会う時には、同じ組織の人間と一緒でないと会わないと聞いて納得した。

裁判員制度①～ハードな体験

審理期間２０７日、公判回数70回、証人延べ１２０人以上の裁判員裁判が２０１８年11月8日に、神戸地裁姫路支部で判決の言い渡しとなった。

初めて経験した裁判員裁判

私も先日、裁判員裁判を初めて経験した。公判前整理手続き（裁判官、検察官、弁護人の三者で先に争点の打合せ手続きを行う）を約2年間行い、裁判員裁判は2週間毎日、午前10時から午後5時まで行って、判決手続きとなった。私は全面無罪の主張をして、検察官提出証拠も全部不同意にした。検察官の立証計画も検察官の交替のたびにくるくる変わり、その立証計画の変遷には裁判官も驚くほどであった。そして被告人も完全黙秘を捜査段階で貫徹し、被告人の調書は1通もない情況だった。

私も40年あまりの弁護士生活の中で完黙を貫徹した被告人というのは、初めての経験であった。本件は重大犯罪であったから、被疑者との初めての接見の際、これは無期懲役か無罪のいずれかであると見通しを述べたことが、被疑者が完黙を貫徹した動機である。完黙を貫徹するのは口で言うのは簡単だが、それを実行するのは本当に苦しいことだ。私はその被疑者の男らしさに感心したものだ。

しかし、私も当時72歳になっていて2週間連続の午前10時から午後5時までの証人調べは本当に疲れた。肉体的、精神的にダウン寸前になったが、私の弟子の奮闘により何とかこの裁判員裁判を終えたのである。

司法制度改革

この裁判員裁判では考えさせられることが多々あった。私は従前、「日本の刑事裁判は絶望的である」と喝破した刑事法の大家であり東大総長を務めた故・平野龍一先生の論文を読んで「陪審員制度」を日本の刑事裁判でも採用すべきではないかと考えて、勉強もし、制度設立の運動もした。しかし、日本の刑事裁判の改革では、英米の陪審員やドイツの参審制の制度を採用せず、日本独得の裁判員裁判を採用したのである。それは国民から選ばれた裁判員と裁判官がともに裁判に臨んで犯罪事実を認定し、量刑を行い判決を書くという独得な制度だ。従前の日本の刑事裁判は「精密司法」と呼ばれる程、細かく各事実認定をし、被告人の生い立ちから始まって、検察官、弁護人の主張の細部まできちんと判断していた。それが硬直化して長期裁判になり、刑事裁判の法廷は捜査書類の受け渡し場となっているのではないかというのが、平野先生の言葉となったのである。

そこで日本の刑事裁判の改革となったのだが、果たして日本の裁判員裁判が本当に改革になったのかを検証すべき時期にきたのではないかと思う。冒頭の長期裁判では、裁判員の負担を軽くするように努力しているが、裁判員の辞退率が66％に達した情況下で、果たして裁判員裁判は本当に機能しているのかと疑問に思えたのである。

一　裁判員制度②〜評議の実態への疑問

陪審裁判で冤罪は起きる

裁判員裁判では裁判員と裁判官の評議で判決が決まる。私は当然ながら、その評議の実態を見聞したことはない。裁判員は法律には素人であるから法律判断に疎いのは当然だとしても、事実認定については、裁判員と裁判官は同等と言われている。刑法学会で、冤罪を防ぐために陪審制度を採用すべきかどうかの議論になったとき、故・平野龍一先生が「陪審裁判では冤罪が多数出ている」と大声で反論されたことを覚えている。現に欧米でも陪審員裁判で冤罪が数多く出ているのは、マスコミ報道でも周知の事実である。

映画「12人の怒れる男」（ヘンリー・フォンダ主演）では、陪審員裁判の評議の実態が描かれていた。そこでは裁判官は参加せず陪審員のみで評議していたが、無責任な陪審員もいれば、評議をリードする陪審員もいた。

裁判員は冷静に判断し、自由に発言しているのか？

裁判員裁判では裁判官と裁判員が同一の場所で評議する。その評議では、裁判員の自主的判断が尊重され自由に議論されているのかは疑問だ。裁判員のみの評議では、全員が法律に素人ではあるが、恐らく自由に議論することになろう。ところが、そこに裁判官が参加すると裁判員は裁判官に気後れして、裁判官の発言に疑問を呈したり、反論したりすることができないのではないかと思う。裁判官も、裁判員が自由に発言できるよう十分に配慮しているとは思うが、それがどこまで裁判員の自由な発言に繋がっているのかは疑問である。

裁判員裁判の判決が高裁でひっくり返ることも多い。性犯罪や子ども、社会的弱者が被害者の場合などでは、社会の処罰感情が強く、検察官の求刑以上の判決を出す傾向があり、高裁がバランス感覚を発揮して量刑相場に軌道修正をしていると、私はみている。

国民参加の裁判は、裁判の民主化を目的に国民が国民を裁くという建て前をとっているが、果たして国民は冷静に被告人を裁くことができるのであろうか。過去の集団リンチや昨今のネットによるヘイトスピーチ、無責任な発言等をみると、冷静な議論や評価が果たして正しく機能しているのかと疑問に思う。

ＩＣＴと裁判員

最近は、携帯電話やスマートフォンの登場で捜査方法も大きく変わり、通信履歴やメールのやり取りの内容等が証拠として多く提出されるようになった。通信履歴は単に被告人との電話のやり取りの履歴の事実のみで、会話の内容は不明である。しかし、メールのやり取りはその内容が明確に証拠となる。私のように携帯電話やパソコンを使わない人間は、現在の通信技術の言葉や内容に戸惑うばかりである。裁判員はそれらの内容についても十分理解して評議しているのであろうか。一度、裁判員の評議の実態をじっくり見聞したいものだ。

裁判員制度③～書証全部不同意

被告人の納得と安心を考える

裁判員裁判での公判前整理手続（裁判官、検察官、弁護人の三者で公判前に争点の整理を行う手続）も長期化している。私はこの手続にも被告人を同席させるようにしている。法曹三者が被告人を外して争点整理するのは自分を有罪に持ち込むための陰謀会議をしているのではないかと、被告人が疑問を持つのを防ぐためである。

勾留中の被告人はとにかく疑心暗鬼となり、妻が浮気しているのではないか、弁護人が妻に恋愛感情を持つようになっているのではないかと不安でいっぱいなのである。拘置所の収容者の半数以上は精神安定剤や睡眠薬を常用している実態を聞くと、被告人の精神的安定策を講じなければならないと痛感している。

検察官提出書証は全て不同意にした

私の被告人の事件の場合は、捜査段階の取調に対しては完全に黙秘したために検察官提出の書証は全て不同意にし、被告人の過去の判決書謄本や戸籍謄本まで不同意にした。私は過去何回か検察官提出の書証を全て不同意にしたことがある。不同意の理由はいらない。検察官の顔つきや言動が横着だと思えばそれを理由に不同意にしてもよい。

当事者主義の裁判では有罪の主張立証は全て検察官に責任があり、弁護人は検察官の主張立証に反論・反証するだけでよい。検察官の主張立証が合理的な疑いを超えなければ有罪の判決を下すことはできないのだ。検察官が主張立証をするのに相当苦労しているのはよく見えた。当方は検察官のお手並み拝見の境地である。

間接証拠の積み重ねで有罪

本件事件は現行犯逮捕された半年後に、さらに共謀共同正犯として逮捕された事件であり、共謀の事実の有無が争点であった。被告人の完全黙秘のため、被告人の供述の自己矛盾点を批判することもできず、検察官は共犯者の供述を梃子にして立証を組み立てるしかなかった。主犯格の２人は曖昧な供述調書しかなく、私は客観的証拠はないと判断したのである。明確に被告人も共犯者だと断言した目撃者と目される人の証拠もない。少々疑いを持たれる可能性があったに過ぎない。検察官の立証の主軸は被告人と他の共犯者の通信記録と被告人の渡航歴が中心で、通信記録を解析した捜査員の証人尋問が延々と続くのである。裁判員は果たしてこの捜査員の証言の内容が理解できたのであろうか。そしてその証言に基づいた通信記録の判読ができたのであろうか。

2週間の連日の証人尋問で私は心身ともにくたびれ果てたが、判決は間接証拠の集積で有罪であった。この結論を見聞して、私は果たして裁判員はこの事件の真相を理解して評議したのか疑問に思った。

覚醒剤事犯

現在、相変わらず覚醒剤の犯罪が多い。好奇心から覚醒剤に手を染めるとそれが中毒となり、何度も服役することになる。また、覚醒剤欲しさに犯罪に手を染めることになる。警察のポスターではないが、「あなたは人間を辞めますか」と私も言いたい。

覚醒剤の事件では、法曹三者（裁判官、検察官、弁護士）は無常感に陥ることが多い。保釈や執行猶予判決をとると、その日に再び覚醒剤に手を出されると法曹三者は自分たちの仕事は一体何だという思いにとらわれる。だから、覚醒剤事犯では保釈の許可率が著しく低下し、それが他の犯罪の保釈の許可率の低下に連なっている。

これが麻薬中毒のきっかけなのか？

一回の逮捕、勾留、刑事裁判で被告人は懲りたはずなのに、何故再犯に及ぶのか私は不思議でならなかった。ところが、私がある病気をしてその心理が垣間見えた。

私は、10年ほど前に「尿路結石」になりばた狂ったことがある（「ばたくるう」とは博多弁で「暴れる、もがく」の意味である）。それは三大疼痛のひとつで、大の男がばたくるって脂汗を流すものである。私が早朝、シャワーをあびていたら、背中のあたりがおかしくなり痛みが我慢できなくなった。妻が主治医の所に運んでくれたが、その途中でも海老の如く体を曲げないと痛みを我慢することができない。主治医は「99％尿路結石と思うが、とりあえずモルヒネを打ちましょう。」と言う。モルヒネ一本を注射してもらっても痛みは止まらない。私がそう訴えて主治医が二本目のモルヒネを注射したところ、直ちに痛みは止まった。このときの快感を忘れることはできない。私はこれが麻薬中毒のきっかけかと思った。

覚醒剤を使用して快感を覚えると、もう一度あの快感を希望して覚醒剤にだんだんと手を染めていく心理がわかった。私は尿路結石の治療として、結石をビールで洗い流せとの妻の命令で、毎晩ビールを飲み、家族全員で家の中で縄跳びをし、その振動で結石を流す方法をとった。結石はいつのまにか流出したようである。

人間とは弱い存在

私はこの貴重な経験で、覚醒剤中毒者の心理を一瞬理解し得たのでないかと思った。しかし、覚醒剤は人間を依存させるのは間違いない。

覚醒剤で世間と刑務所の往復を繰り返している人をみると、「あなたの人生は何ですか？」と思う。しかし、人間は弱い存在であり、常に易きに流れるものだ。そこに歯止めをするのは各人の克己力しかない。自力で自信がない場合は、精神病院に入院するか、ダルクの会に参加して皆で協力して覚醒剤使用の誘惑を断つしかない。それにしても、刑務所から出所した日に覚醒剤を使用する人に遭遇すると天を仰ぐしかない。

結審間際の私選弁護

私選弁護優先主義

近頃、私の刑事弁護は、若手弁護士のフォローをすることが多くなった。若手弁護士が国選被疑・告事件を遂行していたが、被告人や被疑者との信頼関係が崩壊してしまい、私選弁護人としての私が登場するという場面である。

私は、あまりにも法テラスが官僚主義であることに嫌気がさして法テラスとの契約を解除したので、国選弁護人は辞めた。私選弁護人が就任すると、自動的に国選弁護人は裁判所から解任される。国選弁護は国費で弁護人をつけるが、私選弁護は被疑者・被告人がその費用を負担するので、国費の節減のために私選弁護優先主義の原則が貫かれているのである。

刑事弁護人はどうあるべきか

ある事件の結審間際に私選依頼が来た。記録を確認し、すぐに被告人に面接すると、刑事弁護の方針が被告人と弁護人は全く異なることがわかった。これでは被告人が私選弁護人を選任するのは当然だと思った。被告人に有利な証人を裁判所が採用決定しているにもかかわらず国選弁護人がその証人申請を取り下げしているのだ。この国選弁護人は刑事弁護の本質を全く理解していない。

刑事弁護人は犯罪者の気持ちに沿って、外部に向かっては犯罪者の気持ちや主張をするべきであり、弁護人が犯罪者を裁いてはいけない。弁護人が被告人を裁いたら、被告人は自分の弁解や主張を誰も代弁してくれなくて、法曹三者がつるんで自分を裁いているという暗黒裁判を思うだろう。それでは実刑判決をもらって刑務所に服役しても更生しようという気持ちにはならないはずだ。現に刑務所で在監者の法律相談に行くと、弁護士の悪口のオンパレードと聞く。

刑事弁護のときは、私が犯罪者の立場になったら、私はその時にどう言動するのであろうかとの前提をもち、私の疑問点を次々と被疑者被告人にぶつける。彼らの弁解を聞いて、共感を受けるときは全力をあげて彼らを弁護し、共感を得ないときはその弁解は裁判では通用しないと宣告した上で、しかし、彼らの弁解を法廷で主張する。実力のある裁判官、検察官は「弁護人、ご苦労様でした」と声をかけ、後ろ向きの弁論であることを一瞬にして見分けるのだ。

又、被疑者被告人に楽観的な見通しを伝えたのに、実刑判決が下れば彼らから逆恨みを買う。執行猶予判決か否かを聞かれるケースが多いが、私は、「君はどう思う」と聞いて、明確には言わないようにしている。これは司法研修所で最初に教わる刑事弁護の心構えであった。

私は再度証人申請をして、その証人と被告人を懇切丁寧に尋問し、被告人が主張する「違法捜査の実態」を法廷で明らかにした。裁判官も、「被告人が主張する違法捜査の内容が初めて理解できました」と言ったが、結果は有罪判決であった。最初から刑事弁護を組み立てていたら、違う結果となっただろうと残念に思った。

第8章

年をとると見えてくるもの

人を信用する技術

私は人を顔で判断する

写真家細江英公氏がある雑誌で「顔の魅力が薄れた日本人　明治人の気骨を取り戻せ」と強調していた。写真を撮っていて思ったのは、「気骨のある明治人」たちの生き方は顔に集約されており、立派な顔をしているのは内側から出ているということであると言う。私も全く同感であり、私は人を顔で判断している。小学生の頃は、道徳の時間に「人を外見で判断してはいけません。」と教えられた。しかし、リンカーン大統領は「男は40歳になったら、自分の顔に責任を持て」と言っている。

細江氏が言うように顔には知性、気骨、情熱、人間性が如実に表れている。一番理解し易いのは、スポーツ選手が優勝したり、勝利を得たりしたときである。本当にいい顔をしている。美男子、美女というレベルの問題ではない。本当に事を為し遂げたいい顔の表情をしている。人間、落ちぶれたときはみじめな顔をしており、野心家の顔はぎらぎらした顔でいかにも野心家の表情がでている。

弁護士だって最初は依頼者からも騙される

弁護士は基本的には人の話を聞いて、この人は真実を述べているか、本音は何かを探って紛争解決の指針とする。駆け出しの頃は、人の話を表面的に理解してこれが真実ではないかと思っていたが、依頼者からも相手方からもよく騙された。騙される理由は何だろうかと反省しているうちに、話し手の顔の表情をじっと観察していると嘘を言っている表情と真実を述べている表情が明らかに違うのに気付くようになった。また、弁護士は雑学の大家になるべく努力しているから業界の情報等で相手が言っていることが真実か否かはだんだん判明してくる。私は雑学を勉強するためにも依頼者の話をじっくり聞き、かつ、毎日日刊紙5紙を精読している。それらの努力で、人を信用する技術は、顔の表情を見ていればその人の人格がだんだんわかるのではないかと思い始めたのである。

それぞれが持つ職業的な勘

それは丁度、中洲のママが「この客は今晩の飲み代をきちんと支払うのか」と客の顔を見て判断しているのと似ている。銀行員は融資するにあたり、「この人はきちんと返済してくれるのだろうか」と判断しているのと同様である。私が人を顔で判断すべきだと確信したのは、私の行きつけの寿司屋の大将が人の食事の仕方でその客の家柄、育ち、職業をじっと観察している姿を見て、いろいろな職業の人がそれぞれの職業的な勘で価値判断の基準を設定して人を判断しているのを痛感したからである。私はやっとリンカーン大統領の言う言葉がわかる年齢になったのである。『人は見た目が9割』という本がベストセラーになったのも何となく納得できるようになった。顔にはその人の人間性が如実に反映されているのだ。

厄年

63歳は父が亡くなった年

厄年は、人の一生のうち、厄に遭うおそれが多いから忌み慎まねばならないとする年を言う。特に男の42歳と女の33歳を大厄と言う。私は厄払いの儀式は通常通りにやった。しかし、私が一番緊張した年は63歳と65歳のときであった。

63歳は私の父が死亡した年齢であり、65歳は私が尊敬する弁護士2人が相次いで死亡した年齢であった。

父は旧制中学の時に肺結核で8年間休学し、復学して大学に入学して医者になった。私が司法試験になかなか合格しなかった頃、弱音を吐くと父に「8歳下の中学生と机を並べる屈辱感がわかるか。司法試験の不合格でがたがた言うんじゃない」と一喝された。その時が、父の思いを一気に理解した瞬間だった。

父は相変わらず病弱であり、ちょっと無理をするとすぐリンパ腺が腫れて横になっていた。田舎の開業医は365日間24時間働く運命にあった。両親の夫婦喧嘩は唯一、「往診に行け」、「体がきつい」のみであった。

その父が脳溢血や胃ガンに罹患し、最終的に2回目の脳溢血の発作で突然死したが、私たち家族は父の病弱の体を知っていたので、よく63歳まで生き延びたと思ったものである。

私は周囲から、父の体型に一番似ていると言われていたので、自分が病弱であることは理解していた。63歳になったとき、せめて父より長生きしないと父に申し訳ないと緊張した1年間を過ごした。兄や弟も同様な思いで63歳を過ごしたと言う。

65歳は尊敬する弁護士が相次いで亡くなった年

65歳は、私が尊敬し、かつ、かわいがってもらっていた弁護士が相次いで死亡された年齢である。私は両先生から「弁護士道」はどうあるべきかの薫陶を受けていた。

私が弁護士5年目に、そのうちの1人の先生から「君もそろそろ弁護士稼業に飽いてきたろう？」と言われて、私は「いや弁護士は私の天職です！」と回答したら、悲しそうな顔をされて沈黙された。私が弁護士10年目になり、「所詮、弁護士は人間の欲望処理の道具じゃないか。私は道を間違えたのか」と悩んでいたときに、5年前の先生の言葉が突然甦り、先生の発問の意図はこういうことだったのかと理解したのである。

その先生の葬式の時にもう1人の先生が死亡された。この先生とは私はよく酒をのみ、弁護士道や弁護士会のあり方についてよく議論をしていた。読書家であり、博識家であった。私も知的刺激を受けて、負けじと読書に励んだ。これからの弁護士会のあり方については意見を異にしたが、物事をどう理解すべきか、それを実現する運動のあり方はどうあるべきかを学んだ。

2人の偉大な先人が相次いで亡くなられたので、私には65歳は弁護士にとっての鬼門であり、65歳の1年間は63歳の時よりも緊張して生活した。

人にはそれぞれ己の厄年があるのではないか。

一　外食

妻の手料理が一番！

年をとると外食する機会が減った。馴染みの店が閉店してからは更に外食をしなくなった。最近の私は基本的に三食とも妻の手料理の食事をいただく。朝は私が妻より早く起きているから、学生時代からの習慣でトマトジュース、紅茶、トースト（若い頃はマーガリンやジャムをつけていたが、今はそれらを一切つけない）の朝食をとり、朝9時頃、妻に「そろそろ弁当を作る時間ですよ」と起床を促す。妻は前の晩に弁当のおかずを作っているから、弁当箱に詰めるだけだ。ご飯は、妻のメモで「本日は2合」と書いてあれば、私が米を2合研いでご飯を炊き、夜は帰宅して妻の手料理で夕食をとる。私が健康なのは妻の料理のおかげと感謝している。

若い頃は食欲もあり、旨いものばかり食べたがる。外食をして帰宅しても、更に妻の手料理まで食べていた時期があった。しかし、年をとると食欲が減退する。この頃は寿司屋に行っても、刺身だけで腹一杯になり、握りを食べる食欲はない。今では妻の日本料理、それもふつうの家庭料理が一番旨いと思うようになった。

昔、行きつけの寿司屋に常連の客がぴたりと来なくなったのを不思議に思ったことがある。年をとって初めて、外食よりも妻の家庭料理の方がおいしいと感じるようになり、それが外食をしなくなる理由だとわかった。

シャッター通り

近所の飲食店の変遷をみると、飲食店の存亡をかけた競争の激しさに驚く。飲食店の経営の厳しさは素人の私でもわかる。飲食店の経営が単なる料理のおいしさばかりではなく、おもてなしのサービスがきちんとなされているか否かも影響しているのが観念的には理解できる。年をとって外食が嫌になってくると、本当に飲食店の経営の厳しさを痛感する。これがシャッター通りの原因のひとつかと思い当たる。ましてや現在のように少子高齢化が進めば尚更だ。

国民の不動産所有欲の変化

私が子供時代に繁華街だった場所が、この10年の間にシャッター通りとなり、閑古鳥が鳴いている状況を見ると、時代の流れを痛感する。これが日本全土で820万戸の空き家がある一因ともなっているのであろう。また、国民の所有欲、とりわけ不動産の所有欲が薄れているのも空き家率が高くなっている理由の一つだろうと思う。遺産相続問題を処理していても、農家の子供が先祖伝来の田畑を相続しないという時代だから、田舎育ちの私でさえ絶句する程の変容である。数十年前は、農家は畦道を毎年1センチメートルずつ削って自分の土地にする程、土地に対する執着心が強く、子供心にもそれを察することができた。そういう時代を知っている者には信じ難いような時代の変遷を感じるのである。

遺言書

子どものいない夫婦の相続

マスコミは相続争いを避けるために遺言書を作成した方がよいと盛んに報道している。子供のいない夫婦の場合には、絶対に遺言書を作成した方がよい。そうしないと配偶者の単独相続ではなくなり、兄弟姉妹や甥姪まで相続人として登場してくるからだ。特に被相続人が男の場合、長年連れ添った妻には老後の心配をさせずに生活できるように配慮したいというのが、男としての本当の気持ちであろう。

私が経験した遺言書作成のケースで、子供のいない夫婦の夫が遺言書作成の7時間後に死亡するという、ドラマのような出来事に遭遇したことがあった。

遺言書は作成しない

私の知り合いのA氏から、恩師の遺言書を作成してほしいとの依頼があって、私はA氏と恩師に面会した。A氏が恩師に「全財産は奥様に相続させたいのでしょう」と言うと恩師は「うん」と肯く。しかし、遺言書は作成しないと言う。私は事前に「私は財産の全部を妻に相続させる」という公正証書遺言書作成について公証人と打合せ済みであったが、恩師本人に遺言書作成の意思がないため、それ以上の行為はできなかった。

恩師は昨晩亡くなった

それから2カ月後くらいに、A氏から恩師の命は今日が山場かもしれないと言ってきた。A氏は医師だから、その意見を尊重しなければならない。私は急遽恩師の枕元に行き、「遺言書を作成しないと、かつて裁判で争った甥と姪が相続人として出てきますよ。貴方の財産は全て奥様にあげたいのでしょう。今日、公正証書遺言書を作成しましょう」と言うと、恩師は肯いた。

私はその足で公証役場に赴き、老人の命はいつ死んでもおかしくない明日をも知れぬ状態だから至急遺言書を作成してほしいと公証人に要請した。公証人は出張してきたうえで、公正証書による遺言書を作成してくれた。本件は既に2カ月前に打ち合せをしていたから遺言書の作成は順調に進んだ。翌朝、A氏から「恩師は昨晩亡くなった。遺言書作成の7時間後だった」と報告を受けた。私はドラマを見ている感じであった。

間一髪の遺言書作成になった理由

直ちに私は遺言執行人として、被相続人の遺産を奥様名義にして換金処理に従事した。関係者が遺品を整理していると、我々が知らない金の延べ棒や古文書、プラモデル、カメラなどが次々と出てきた。被相続人が作成した文書には全て目を通した。

恩師が遺言書の作成を拒否した理由もなんとなくわかった。別のある弁護士に遺言書作成の打ち合わせをしていたから、もはや遺言書は不要だと思っていたのであろう。しかし、それは遺言書の草稿であって、まだ遺言書は完成していなかったのだ。私の公正証書遺言書で間一髪のところを免れたのである。「遺言書をきちんと作成しておかないと、甥姪が相続人として登場しますよ」との一言が、きっと恩師には堪えたのだ。

スマホ

世の中、そんなに忙しいのか

街中や電車の中では皆、スマホを使用している。私は今でもスマホはおろか携帯電話を持っていないし、使用しない主義である。私が疑問に思っているのは、人はそんなに携帯電話を使う程、多忙を極めているのだろうかということである。

緊急に電話をくれと言われて慌てて電話してみると、2、3日後でも十分間に合う用事であることもある。私は外出をするときは、必ず秘書に外出先の電話番号を教えており、万一緊急事態が生じたら、そこに電話をするように指示している。それで不都合を生じたことがない。

ただ、私が携帯電話の有用性を認めるのは、待ち合わせの時に便利だということだ。しかし、2009年のことだが、東京で初対面の人と待ち合わせをしたとき、待ち合わせ場所で先方に「萬年先生！」と大声で呼んでもらい、「はーい！」と答えて無事に会えたことがある。

私みたいな非携帯電話派が少数になったことで公衆電話が減少してきた。私は公衆電話を探すのに苦労するが、丁寧に頭を下げて携帯電話を借りて用を済ませたこともある。

私が携帯電話を持たないのは、これ以上忙しくなったら、生命を縮めるのではないか、果たして緊急電話はそんなに頻繁にあるのかと思うからである。私の家族や事務所でもスマホも携帯電話も持っていないのは私一人である。しかし、皆私が携帯電話を持たないのを支持してくれている。

人間のコミュニケーションの基本はお互いの顔を見ることだ

スマホには多数の利便性があるのは認める。しかし、スマホでその利便性を本当に活用すべきかを私は疑問に思っているのだ。

ＳＮＳが現在問題になっている。特に子供たちのＳＮＳで子供たちが傷ついて自殺したり、仲間はずれになったりしている。しかし、スマホは今や子供たちにとって必需品となり、学校にスマホを持ち込まないように規制がかかっている。私が自分の子に携帯電話を持たせたのは、小学校高学年で塾に行き出してからである。公衆電話が近くにないから、妻に出迎え用の電話をさせるのが使用目的であった。

しかし、子供たちは勿論のこと、大人もスマホの普及で顔を見ながら会話する習慣が薄れてきているのでないか。これが対人関係に問題を発生させる原因となっていると私は思っている。顔を見ながら話をしていれば、相手の顔の表情で怒っているのか、共感しているのかがよくわかる。スマホのメールでは言いっぱなしでそこには相手の表情は見えてこない。そこに根本的な問題点が潜んでいる。人間は基本的には顔を見ながら交渉したり話をしたりしてお互いの納得感を得て、信頼関係を保つことができる。携帯電話の出現とスマホの流行で人間のこの基本的な関係が破壊されたと思うのは、アナログ人間の的はずれの批判であろうか。

一 先妻の子

熟年者の知恵

「血は濃い」ということを痛感する。一番典型的なケースは先妻の子と後妻の相続争いである。そして後妻とうまくつきあっていた親族も相続となると先妻の子に味方して後妻に敵対する。

私も若い頃は、相続で何も利害関係はない親族までもが、何故人間関係を一変させるのかと疑問であった。とかく若い頃は功利的に考えがちであるから、血や人情の機微など理解が薄くなるのは仕方がないかもしれない。しかし、年を取ってくると、親子の血や親族の血などの血の濃さは理屈抜きで存在するのでないかと思えてくる。ましてや結婚し、子供が誕生するとなおさら「血」の問題が現実的になる。

血の問題は先天的なものか後天的なものかと二分すれば、問題なく「先天的要素」であることは間違いないだろう。先天的要素は理論的に説明できない。それ故だろうか、熟年再婚では先妻の子供と相続争いをしたくないがために、入籍せずに同居婚（事実婚）が増加している。これは熟年者の生活の知恵だろう。

私は、先妻の子と後妻の相続問題の事件と聞くと、これは揉めるなと身構える。大概私が予想したとおり揉めることになる。

先妻の子を養女にしなかった後妻の想い

逆の場合もあった。先妻の子が幼い場合は、通常、後妻と先妻の子は養子縁組をして養親子関係を築くものだ。ところが、私が受任した事件での後妻は、先妻の子に先妻のみが母親だと思ってもらいたいと考え、養子縁組をしなかった。ところが先妻の子は後妻を本当の母と思って、仲睦まじい親子関係を築いてきた。父が死亡して相続問題が発生したとき、先妻の子は、初めて後妻と養子縁組をしていないことを知った。

私の事務所でそれを知った先妻の子は、後妻に、泣いて「なぜお母さんは私を養女にしなかったの。私はお母さんを本当のお母さんと思っていたのに」と訴えた。後妻も泣いて「私は貴女の本当のお母さんと思って貴女を育ててきたつもりよ。しかし、貴女の本当のお母さんは生みの母親であり、私は生みの母親の事も貴女に忘れて欲しくないと思い、敢えて養女にしなかったの」と言った。親子は抱き合って互いに泣き、私は胸が一杯になった。そこに新たな親子関係が築かれ、幸せな親子関係となったのは勿論である。相続問題もきれいに解決した。

血の問題の行きつく先

人情の機微は本当に微妙なものであると痛感した。理屈ばかりでは推し量ることはできない。しかし、血の問題は奥が深い。親族間で一旦争いが生じると、他人の争いと異なり、二度と修復できない深い亀裂を生じる。遺産争いの後は、もはや法事は一同集って開催することはできなくなる。血の問題は団結する要素と亀裂を生じさせる二要素があり、微妙な関係であり、慎重に処理しないと大変なことになる。

晩節を汚す

人は美しく老いるのは難しいのだろうか。

ある元上司の蹉跌

老後に欲を出せば晩節を汚すという事例に遭遇した。ある大会社のサラリーマンが、かつての上司でしかも専務で、一時は社長候補にもなった人から頼まれて、３００万円を貸したが、今般その上司から、自己破産するから借金を返せないと言われた。聞くとかつての部下から２００～３００万単位の借金をしまくっており、かつての上司はそれを何に使用したかわからない。

同僚の中には喧嘩腰で借金返済を迫って取り戻した人もいたが、自分はその人にかつてお世話になったから借金返済の督促もできなかった。どうしたらよいだろうかとの相談であった。

私はそのかつての上司の代理人の弁護士の受任通知を見て、これは自己破産するのは間違いなかろうと判断した。かつての上司はかつての部下から借金して何に使用したのであろうか。新事業を始めたなら、風の噂でも流れてくるだろうから、その噂がないということは恐らく、株式投資に使用したのであろう。そして株式投資の失敗で自己破産の申立をすることになったのであろう。

私は株式投資はしない

私の知人の中にも株式投資の失敗で30億円の赤字を出して会社経営が困窮した事例を見ている。周囲を見回しても一部を除いて株式投資で儲かったという話は聞かない。

私は、本業を真面目にやる限り株式投資はしてはいけないと思っている。1日で数百万も儲かったら、着手金5万、10万の事件なんかアホらしくてやってられない。そうすると、本業が疎かになるし、ましてや仕事中に証券会社から株式の売買の電話があれば、来客中であれば株式投資の商談などできようはずもなく、そうすると、適当に相槌を打って証券会社に一任させざるを得なくなり、結局損をすることになる。

同様に投資信託も同じである。私は、銀行が投資信託の購入を勧めに来たときは、「投資信託を買ってもいいが、その後は御行とは取引停止する」と宣言する。そうすると、二度と銀行は投資信託の購入の話をもってこない。

恐らく大部分の投資家は株式や投資信託で損をしているはずだ。証券会社は1～2億の客などは、客と思っていない。自分を上得意と思っている人は単に自惚れているに過ぎない。

何のために生きてきたのか

私は低金利であっても元本保証の定期預金しかしない主義である。株式投資の失敗で不遇な晩年になった人を何人も見ていると尚更である。現にそういう法律相談も多い。かつての上司が老後になっても金銭欲、物欲に目がくらんで、かつて自分を尊敬していた人を裏切る結果となったのはまさしく「晩節を汚した」と言えるであろう。それまでのその人の功績は全て無に帰し、人々の怨嗟の対象となって死んでいくのではあまりにも惨めではないか。

嫁ぎ先の財産を食い潰した嫁

人は良いが、頭が悪い夫

ある50歳の女性が「自宅をノンバンクに担保に入れたところ競売になってしまった。何とかしてくれ」と依頼に来た。借金を支払わなければ担保に入れた不動産が競売に付されるのは当然だろう。そこで事情を聞いていくと、嫁ぎ先は昔、地主であり、土地は広大にあったが、その女性の事業の失敗で大部分を手放し、残るのは自宅のみとなったという。そして、その自宅も競売中立をされている。

その事業内容を聞くと、その女性は儲け話が来ると成算があるかないかを見極めずに直ちに着手し、3~6カ月後にその事業は失敗するということの連続だった。その都度嫁ぎ先の不動産を処分して借金返済に充当していたのである。

夫は公務員であり、私はなぜ夫が妻の事業に口出しをしないのか不思議に思い、夫から事情を聞いた。夫は人は良いが、頭は悪い。妻を制御する能力もない。しまいには夫も妻に加担して、私を騙す役割さえも演じた。

ノンバンクとは共同戦線を張ることになった

競売を止めるには、借入金の返済のための金策をする必要がある。彼らはマンションを建てる口実で銀行からマンションの建築費用に上乗せして借金し、その中からノンバンクの借金を返済する計画だという。私は銀行の顧問もしているから、銀行はそんな融資をしないことを知っており、その旨夫妻に告げた。すると夫は、今度は親族が2~3億円を融資してくれると言う。私は半信半疑であり、さりとてその話を嘘だと断言も出来ないから、夫妻の行動を見守っていた。

他方ではノンバンクとの交渉も同時並行的にやっていた。ノンバンクも「先生、あの女は嘘つきですよ」と何回も私に警告する。私は「わかっているが、本人の納得感を満足させるには夫妻の行動を見守っていくしかなかろう」と言って、私とノンバンクはいつのまにか共同戦線の立場となった。

家族の優柔不断

私はその妻を何度も怒鳴り上げたが、その都度その妻は大粒の涙を流しながら、私の顔を下から覗き見ている。「先生の私への叱責は愛情ある叱責である」と言いながら。

結局、親族からの金策もできず、自宅のみでは借入金の返済も不十分と判明し、私はノンバンクとの交渉を、自宅を代物弁済しその余は債権放棄するという形でまとめた。夫は長男で先祖の土地を相続していたから、夫の兄弟姉妹からはご先祖様の土地を全て手放したとして批判を受けると同時に、親族間で裁判沙汰も発生した。

私はその裁判にはタッチしなかったが、嫁が嫁ぎ先の財産を全て散逸したことになる。私の疑問は家族がなぜ妻や母の暴走を止めなかったのかである。1回の事業失敗ならわかるが、数回の事業失敗である。家族の優柔不断が財産を全部食い潰したのである。経営者の器がない人は事業をしてはいけないし、周囲の人はその人を諌めるべきだという教訓である。

婚外子

非嫡出子の立場

かつて民法900条の法定相続分の規定では「非嫡出子（婚外子）の相続分は嫡出子の相続分の2分の1とする」となっていた。最高裁大法廷は、この民法900条の規定は憲法14条の平等の原則に反すると判断した。この問題の合憲説は法律婚の遵守と嫡出子、非嫡出子の権利保護のためと言っていたが、非嫡出子の視点からの権利保護の説明はなかった。

子には自らの出生にはなんら責任はなく、両親が法律婚か否かで子の権利に差異があるのは、非嫡出子には理不尽な差別と考えるしかないだろう。非嫡出子は子供の頃から愛人の子とか妾の子とか、事実上いわれのない差別を受けてきた。その上、実父の相続で差別待遇を受けるのであれば、とうてい納得できるものではないだろう。

嫡出子との相続争い

私もかつて非嫡出子の代理人として遺産分割の問題を取り扱ったことがある。実父は政界、財界でも有力者であり、バブル経済の頃は遺産の総額は300億円との評価であった。最低でも100億円以上の遺産をもらおうと頑張っていたが、バブル経済が崩壊すると遺産総額は100億円以下となった。依頼者の話を聞くと、幼児の頃の苦労話や本宅ばかりか世間からの実母に対するいわれなき差別はまるで絵に描いたようなものだった。しかし実父は母に対しても自分に対しても優しかったと述懐する様子に、私もいたく同情した。だからこそ実父の相続では、嫡出子とは同等の扱いを受けたいと切望していた。

他方嫡出子は社会的地位がある人で、自分の気持ちを大分抑えている様子がみえたが、ときどき非嫡出子に対する対抗心を剥き出しにする面もあった。遺産相続争いは、嫡出子同士でも骨肉の争いをするのであるから、それが嫡出子と非嫡出子の間ではもっとひどい争いとなるのが通常である。

この問題は結局、裁判官の強力な和解勧告でまとまり、非嫡出子が何十億円かの遺産をもらうことで解決をつけた。

最高裁大法廷判決

民法900条に関する最高裁の判断は、事実婚や同性婚と婚姻関係が多様化した今日では、個人の尊厳を基底において本件問題を考えると不合理な差別待遇であり、憲法の平等原則に違反するという全員一致の決定であった。極めて格調高い決定であり、世界の動向や日本の現実を直視した判断であった。

我々の世代では、当時ラジオのディスクジョッキーをしていた落合恵子氏が、自分が婚外子であることを明言して、その後エッセイ等でも書いているのを読んでいるので、私も問題意識はあった。

社会ではこういういわれなき差別がまだたくさんある。時代の変化と情況の変化で法律解釈も変遷していくということだ。所詮、法律解釈は政策価値の意見表明にすぎないのであるから、時代と共に変遷するのは当然の事理であることを大法廷決定は示したのである。

高級腕時計

男の見栄

アベノミクスで好景気だった頃、デパートでは美術品、宝石、高級腕時計の売れ行きがよかった。しかし私は、友人が国内の時計会社に勤務していたし、時計の製造技術はもはやスイスより日本の方が上だと思い、時計は国産品に限ると決めていた。今でもデパートや時計屋から外国産の高級腕時計の購入を勧められても頑として拒否している。

私はデパートの幹部に「なぜ高級な腕時計が売れていたのか」と質問した。すると幹部はこう答えた。「男が見栄を張れるのは車と高級腕時計です。高級外車を何台も持つのよりも、少々の小金持ちは高級腕時計の購入に走るのです」。

高級腕時計二題

私は昔、同僚弁護士からいきなり腕をつかまれ、腕時計は何をしているのかと聞かれたことがある。私は、そのときはその行動の意味がわからなかったが、私の弁護士1年目のふたつの出来事をまざまざと想起した。

それは交通事故の示談交渉の際であった。被害者は20代のチンピラで、さかんに腕時計を私に見せる。私はお世辞で「いい時計を持っていますね」と言っておいた。示談が決裂した時、そのチンピラが「お前は俺の腕時計を物欲しそうに見ていたのではないか」と言った時に、私は、彼は腕時計が自慢だったことにやっと気がついた。

私はその頃新婚早々であり、自分の弁護士業務に誇りをもって名刺には事務所、自宅の住所も印刷していた。そのため、そのチンピラは夜中に10分おきに私の自宅に電話をしてきて、嫌がらせをしてきた。私の妻は「貴方は本当に弁護士なの？　なぜ深夜に嫌がらせの電話があるの?」と訴えた。それ以来私は自宅の電話番号を電話帳にも名刺にも掲載しなくなった。
もう一件のケースは、大物ヤクザの親分の趣味が1000万円前後する高級腕時計の収集であるというものであった。勾留期間が長期化すると、子分にその高級腕時計を質入れして金策を命じていた。

見栄と虚栄心

私には高級腕時計で男の見栄を張る心理がわからない。人間は見栄、あるいは虚栄心をもつことは必要であろう。それをもつことによって努力し、己の人間力を高める原動力になるからである。そうして成長していく人間もいるのだろう。しかし、私は物の所有を見栄の対象とすることには違和感をもつ。私は車も運転しない主義だから、車にも興味がない。私が興味をもつのは本、音楽、絵画である。しかし、それを所有することを見栄の対象とはしていない。

高校生時代に友人と「虚栄心をもつことの是非」について議論したことを50年振りに思い出した。虚栄心や見栄、人間力の評価については長所、短所があり、高額な腕時計が売れた時代について考えさせられたものである。

暴力団狩り

「筋を通す」ということ

昨今、暴力団に対する風当たりが激しい。あらゆる取引分野において暴力団排除条項が作成され、暴力団を抹殺する方向が強化されている。確かに暴力団の犯罪行為は断固として糾弾し、刑事責任を追及すべきであろう。しかし、暴力団員と言えども基本的人権はある。暴力団員にも家族があり、生活権もある。私としては、昨今の暴力団狩りにはなんとなく違和感を感じるのである。

私は弁護士1年目から損保側で交通事故の示談交渉に携わり、損保会社の課長（私にとっては恩人というべき方である）から、「かわいそうな人にはどんと賠償金を支払え。横着な人や欲張りな人には筋を通せ」と指導を受けた。これは九州男児としても弁護士の倫理にとっても全く同感であるし、私はこの指導を私の弁護士理念として、人間皆平等の方針の下に、たとえ相手が暴力団員であっても差別はせず、筋を通して解決してきた。裏社会では「萬年は義理人情を理解し筋を通すが、筋の通らない主張をすれば、烈火の如く怒って刑務所にぶち込まれる」という噂があることは聞いている。

俺だって好きで暴力団員になったのではない

私が暴力団員の実態を見聞したときのことである。母親代わりの姉が自殺したとき、拘置所にいた弟である暴力団員は泣きじゃくりながら、「俺の母ちゃんみたいな姉ちゃんの葬式には是非出席したい。姉ちゃんに申し訳ない。俺だって好きで暴力団員になったのではない。父ちゃんはポン中（覚せい剤中毒者）で、母ちゃんはサラ金中毒で、俺ら子供達はどうして生きていけるのか。俺の面倒をみてくれたのは死んだ姉ちゃんだった」と話したとき、私は何とも言えなかった。幸いにして検察官、裁判官もいたく同情し、勾留の執行を停止して、彼は無事に姉の葬式に出席できた。

私はそれ以来、人の生活には皆それぞれ来歴があり、単に理性、知性だけで批判すべきではないと思った。私は彼に、「貴方も辛い人生を歩んできたね」と言うほかない。谷垣元法務大臣も死刑執行の決裁をするにあたり、裁判記録を読むと、「死刑囚は、壮絶な人生や青春時代を過ごした人々である」と言っていたが、そのとおりである。

暴力団員をやめて正業に就こうとする人の生きる途

暴力団の組長がゴルフに行って暴力団と名乗らなかったら詐欺罪とか、暴力団員が割賦やリース契約をするのを単に暴力団員という理由のみで契約拒否するのは人権侵害ではないか。ましてや銀行取引も禁止して、暴力団員をやめて正業に就こうとする人や、病気のため生活保護を受けようとする人を拒絶するのは、生きる途を許さないということであり、基本的人権を否定しているのと同じだ。人間皆平等の精神で、物事は判断すべきである。

面接

その人の人間性と哲学が問われている

顧問会社の部課長昇級試験の面接官のひとりとして、面接を行った。受験者は部課長にふさわしい人材かを問われるのだから、いかにして自分の担当部門である組織（課や部）の機能を充実させるか、部下に伸び伸びと仕事をさせて組織を活性化させることができるか、が問われる面接だ。提出された自己志望書には過去の自分の実績、功績などがいくら事細かに書かれていても、実際に問われるのは、その人の人間性や志であり、自分が課（部）長になったらどのように組織を動かすかである。単に部下に擦り寄って和気あいあいと組織を運営するといっても、部門のトップとしての哲学がなければ組織の活性化はできないだろう。

とはいえ、短時間の面接では、その人の人間性や哲学は判断できない。私は、やはりその人の上司の人事考課が最終的な判断材料になると思う。部外者を面接官にして幅広い視点から人材を発掘したいという意図はよくわかるが、果たしてそれが成功するかどうかだ。就職試験の面接でも受験生は似たような回答ばかりするので、面接官が困っているという話をよく聞く。本来であれば、この地位に就いたらこういう風に働くという哲学と志について自筆で作文を書かせ、その人の字の丁寧さや論理構成などを見て判断した方がよいのだろう。

萬年事務所の採用試験

私の事務所の採用試験では必ず志を書かせて判断している。私が面接で訊くのは「なぜ司法試験を受験したのか、どういう弁護士になるつもりか」の2点に集約できる。近頃は志がはっきりしない人が増加してきた。

面接では皆、理想論を述べるが、それだけではその人の人間性や能力の程度は判断できない。その意味で本当に面接や人事採用試験は難しい。やはりその人が日頃、接している上司の人事考課が一番適格なのではないか。勿論、組織である以上、人の相性や派閥、上司の人間としての器に左右されるということは否定できない。

女性の直観力を大切にする

私は、面接官に女性を入れるよう指導している。男が女性を面接すると容姿で採用を決定しかねないからだ。私は女性特有の直観力を重視している。男には気付かないことを女性特有の直観力で問題点をずばりと指摘する場面に何回も遭遇した。弁護士も人間を観る仕事だから注意深く、しかも「この人は私に真実を述べているのか」との観点から判別しているが、それでも騙されることがある。女性の直観力で「この人は何かおかしい」と判断された場合には、その視点から観察してみると、なるほどと思うことが多い。

裁判でも証人の証言については、その事情を十分に理解していないと真偽の判別が難しい。それと同じだと思った。

後妻族

長寿社会になったせいか妻に先立たれた男性が増加した。そういう男を狙う「後妻族」の実態を垣間見た。

後妻族の手口〜概論

50歳〜70歳代の女性が徒党を組み、資産家の独身男の情報を収集し、女性を派遣して男を誘惑する。情を通じて資産内容を聞き出し、次々と資産を後妻名義に変更していく。勿論、その前に婚姻届を出させて、女の老後生活の保障を迫って所有権の移転を次々とさせていくのである。男の全財産の名義をほぼ後妻名義に変更し終えると女は離婚届を出し、男を放置するか老人ホームに追い込むという展開である。

私がその実態をみたのは、ある男が後妻族のうまみを知って、後妻族の陰の参謀になろうとして後妻族に近づいたものの、その後妻族に欺されて、適当に利用され詐欺罪で逮捕された刑事事件の弁護人の立場のときであった。

事件記録から見た手口〜各論

事件記録をみて人間の欲望に唖然とした。被害者は80歳を過ぎた老人であったが、女の積極的攻勢に敗けて次々と財産を後妻に渡す。後妻族の仲間の女性軍が代わる代わる老人の下に通い、後妻がいかに優しいか、老人のためにいかに尽くすかを力説して後妻を援護射撃する。老人から欺し取った財産をほどなく売却処分して、売却代金を後妻族のメンバーで山分けする魂胆である。

後妻族もよくもまあ、あくどい手法で次から次へと老人から財産を巻き上げるものだ。

その手法は整理屋の手口と全く同様だと感じた。整理屋は、手形を不渡りにしたり、倒産した経営者に近づき、債権者から激しく責め立てられている経営者を一流ホテルや旅館にかくまい、精神的安らぎを得た経営者に自分が経営者の味方と信じ込ませる。そして、実印、印鑑証明書、権利証、預金通帳を全て預けさせ、次から次へと換金し、それが終わると直ちに逃げる。１カ月も経ち、経営者もおかしいと思う頃には、整理屋は逃亡して姿もない。経営者が欺されたと思ったときには全財産を巻き上げられたばかりか負債まで負ってしまう。

被害者

私はこの後妻族の手法をみたとき、男は老人になっても異性への関心はなかなか消えないものだと思った。通常ならば自己抑制ができてこれはおかしいと判断できても、誘惑には負けてしまう。

その老人は全財産を奪われたあげくに、認知症が始まったとして精神病院に入院させられ、服用する薬で本当に認知症が発生し、とうとう老人ホームに入所したのであった。その老人の子供が気付いたときは、老人ホームに入所した後であった。晩節を汚すということはこういうことかと思ったものである。

人の寿命

私も加齢に伴い友人、知人の死亡通知を受けることが多くなった。近頃よく思うのは、人の寿命というのは誰が決定権をもつのであろうかということだ。それは神仏が決めると観念的には理解しているが（キリスト教では神の摂理というらしい）、なぜ神仏は、この人の寿命はここまでと決定するのであろうか。

私は60歳まで生きられるだろうか

私は青年の頃、自分は60歳まで果たして生きているだろうかと常に思っていた。父が中学生の頃、肺結核で8年間中学校を休学し、中学時代に8歳年下の者と机を並べたという屈辱の話を聞かされたときは、思わず絶句した。私は幼少の頃から体格が父に一番似ていると言われていたので、父が63歳で亡くなってから、私は60歳まで果たして生きられるのかと常に自問自答していた。結婚して娘二人が誕生すると私は妻子を路頭に迷わせてはいけないと思い、多額の生命保険に加入して、60歳まで保険料を支払う契約をした。

私たち兄弟3人は63歳の一年間、緊張した生活を過ごした。父が63歳で亡くなったから、兄弟３人ともそれを自覚していたのである。私の友人も、中学、高校時代に病弱だった者は早死にしている。

今や高齢化社会で平均寿命は男性が79歳、女性が86歳くらいになり、医学が進んで治療体制も充実してきている。ただ、知人が事故死や病死したときに、特に人の寿命の問題を考えさせられる。神仏はなぜ知人をこの年までしか生かさないのかと思う。ましてや残された子供たちが幼いときは尚更不憫に思い、神仏の情けのなさを批判したくなる。

人生の生き様は顔に出る

人生というものは、何歳まで生きたかではなく、人の生き様が問われるというのは理解できる。

では天寿を全うするというのはどういう意味であろうか。私が遺言書を作成した７時間後に死亡した学者のケースでは、90歳を過ぎた寝たきりの痩せぎすの老人であったが、その人の70歳の頃の写真を見ると、精惇な顔つきの学者然とした姿がそこにあり、感動したことがある。

このように人は、その人の人生の生き様が顔の表情によって表現される。スポーツ選手が勝った時の表情は本当に素晴らしい。美男美女ではなく、「表情のいい顔つき」でその人の人生の一場面を見せてもらえる。だから私は人を顔で判断するようにしているのだ。いい仕事をしていれば素晴らしい顔つきになる。その人が倒産したり失敗したりすると、同一人物とは思えない貧相な顔つきになる。顔というのはその人の生き様を見事に表現しているのだ。

私が寿命の問題を考えることが多くなったのは、私が高齢になったからであろうか。友人、知人の死亡通知を見聞すると「人の寿命とはなんぞや。それはどういう運命の下にあるのか」という哲学問題に直面することが多くなったのである。

引退

私は死ぬまで弁護士を続ける

先日、弁護士の友人と雑談中に「君はいつ弁護士稼業を引退するのか」と質問された。私は即座に、「妻から『死ぬ前日まで働きなさい。毎日が日曜日だったら貴方の世話をするのが大変だから』と言われているので、私は死ぬまで弁護士稼業は引退しない」と返事をした。

私の友人の何人かはすでに弁護士稼業から引退している。趣味の世界で生きていきたいからなのか、老後の生活資金ができたからなのか、神経を使う仕事から解放されたくて引退したのかはわからない。

弁護士稼業が嫌になった友人

組織人の多くは定年退職制度により65歳で引退することになる。他方、弁護士は自由業であるから引退は自ら決定する。私はむしろ友人に「なぜ君は弁護士業からの引退を考えているのか」と質問した。友人は私に、「高齢になり知識も判断能力も衰えた。弁護士業界は司法改革で激変し、弁護士気質も昔とは全く変わってしまった。弁護士業が嫌になったので、引退の時期をいつにするべきか老齢の君の考えを聞きたかったのだ」と言う。確かに私も弁護士10年目に「人間の欲望を処理する弁護士を選択したのは間違いだったのか」と思ったことがある。

弁護士稼業の本質

私は全共闘世代であるから、学生運動に夢中になり、いつの間にか公安警察のブラックリストに載っていた。就職もできず、食うために弁護士にでもなるかと思い独学で司法試験の勉強をして幸運にも弁護士になれた。私の同期約５００人の内３５０人程度が学生運動崩れで、内70人には逮捕歴もあった。皆、志は高く、「基本的人権の擁護と社会正義の実現」のため弁護士業務を遂行してきた。しかし、弁護士稼業を続けていると、民事、刑事を含め、所詮弁護士稼業とは人間の欲望を処理することではないのかと思うようになった。それ故私は、私の子供たちに弁護士になるのを強制せず、自由に自分の人生を歩めと勧めた。

弁護士の人数は10年前と比べて倍増したにもかかわらず、地方裁判所の事件数は約半分に減っている。弁護士の収入は10年前に比べると4分の1になっているのだ。多くの弁護士は収入減で事務所経営も困難になっている。「知人の紹介」ではなく、昔では考えられなかった「ネットで弁護士を探して」依頼がくるようになった。一方で、弁護士気質の激変で、昔の弁護士村の仁義も通用しない。これでは老年の弁護士が引退を考えるのは無理からぬことであろうと思う。しかし、人間は生きている間は「生きがい」が必要だ。自分は世間から求められているという気概がないと、味気ない老後生活を送ることになる。

だから私は、友人には、金の問題ではなく、生きがいのためにも老後も頭を働かせる仕事を続けよと言っている。それに、私の仕事のために一生懸命尽くしてくれている秘書の人生の保証もする必要があり、更に私を信頼してくれている顧問会社の存在と依頼者のことも考えるとそう簡単に引退を考えることはできないのだ。

第9章

労働問題の処理はかくあるべし

ユニオンに頭を下げる

労働問題の発生

東証一部上場会社の子会社が、コールセンターを東京と大阪に集約するから、各県の子会社のコールセンターを廃止するとの方針を打ち出した。

その結果、子会社のコールセンターの要員はほとんど不要となる。その要員はパート社員であり、1年契約でその更新が連続されていて、しかも彼らは、母子家庭等複雑な家庭環境の女性ばかりであった。

それにもかかわらず、親会社の方針で、解雇実行日まで3カ月ほどの期間しかなかった。子会社が要員に解雇ないし雇用契約の更新をしないと通告すると、要員たちはユニオンに走った。ユニオンの書記長と対峙し、私は組合員一人一人の個別事情を尋ねていった。大部分は離婚して母子家庭である。女性たちの切々たる家庭事情を聞くと、私もたまらない。私は、女性と子供の涙には弱いのだ。

ほとんど裁量権がなかった

私は弁護士道のモットーとして、弱い者いじめや無知につけこむことは絶対にしない主義である。私は子会社の幹部に、あまりにも可哀想ではないか、再就職先をグループ会社で面倒を見ろと強く言った。

幹部も同様に部下を切るのは辛いらしい。しかし、親会社の命令だったら、宮仕えの身ではそれに従うしかない。親会社の人事部とも打ち合わせをしたところ、これは全国一率に実施する必要があるとのことで、私にはほとんど裁量権がないことが判明した。私は書記長に頭を下げて、これ以上団交を重ねても無駄だから、訴訟をした方が早いとアドバイスした。私と書記長の交渉事件では、初めての訴訟事件であった。

和解成立

早速ユニオンの顧問弁護士から提訴された。私は子会社には、訴訟にもかかわらず、解雇された労働者をグループ会社で雇用できるよう就職先を確保するように指示した。

裁判所も、訴状と答弁書を見ると、直ちに和解勧告をした。証拠調べは不要との判断である。私も本件は和解で解決すべき事案と理解していたから、積極的に和解交渉に臨んだ。そして、和解交渉には親会社の人事部の人間も必ず同席させた。和解の情況を親会社に認識させて、和解条件の決裁を早期にさせるためである。和解の席上でも、原告は切々と家庭事情を裁判官に訴える。聞いている私も切なかった。

ユニオンの書記長も原告訴訟代理人も、私が女子供の涙に弱いことは承知していることから、黙って原告らに言わせている。私は、早期解決をしないと原告が可哀想だから、和解条件を早期につめた。そして、再就職先もいくつか提示した。しかし、原告は自宅から遠いとかの理由でこちらが用意した再就職先には行かなかった。

和解が成立すると、私は、同席していた書記長に、「今度ばかりは支店弁護士の限界でお役に立てずに申し訳なかった」といって頭を下げた。

労働審判制度

労働者側のメリット

労働審判制度とは、個人の労働者が労働事件について裁判所に訴えをすると、原則として三回の期日内で結論を出す制度である。審判官は裁判官、使用者側と労働者側の代表者の三者が務める。実質的には第1回目に労使の主張、立証を行い、そこで双方の主張立証の目途をつけさせ、2回目で裁判所が和解案を出し、3回目で和解の有無を決め、和解が無理なら審判を下す。審判には理由は附さず、不服なら通常裁判に移行するという制度である。

この制度は、個人の労働者にとって労働問題は日々の生活に直結するので、通常の労働裁判では長期となるのを危惧して労働者が裁判をあきらめている現状から、迅速解決を企図した制度である。この制度を企画した裁判所は、個別労働問題の大量の提訴と早期解決に寄与したと評価して自画自賛している。

使用者側弁護士から見た労働審判

確かに労働者側にとっては画期的な制度であるといえよう。それでは使用者側にとってはどうか。

私は、顧問会社が多いことから労働問題については使用者側弁護士として旗幟鮮明にしている。私は労働審判事件を十数件受けたが、基本的に和解を拒否して通常裁判に移行させている。それはなぜか。労働審判では、証言の代わりに陳述書が多用されている。陳述書は自分の有利なことを一方的に作文して書いているのであるから、いわば言いっぱなしの状況にある。審判員たちはこの陳述書を読んですぐ和解に持ち込もうとする。私は経営の要諦は、営業、財務、労務管理の3つと思っている。特に労務管理は原理原則が重要である。その意味で、原理原則に馴染まない、いわば足して2で割る大雑把な和解は、労働問題に基本的には馴染まないと考えている。

理屈が通ればよいが、和解は必ずしもそうではない。使用者側の兵糧責めの要素もあるが、労働問題はやはりきちんと理論的に説明できる解決をしないと労務管理はできないのだ。労働者には皆平等に労務管理するという使用者側の論理と原則が重要である。そのためには通常裁判で事実関係を明確にし、理論的にも十分主張した上で判決や和解をしないといけないと考えている。

サービス残業問題は和解で解決

ただ、サービス残業問題については、これは小学生の算数問題であるから、超過勤務の実態が明確になれば使用者側は敗訴するのは必定だ。したがってサービス残業問題は判決ではなく、示談交渉でまとめるのが得策である。この理はサラ金の過払金請求事件を集中的にやっている弁護士が、今度はサービス残業問題を集中的にやっていくと宣言していることからもわかるであろう。

裁判所は労働審判制度が成功したとして一般民事事件にも応用しようとしているが、あまりにもはしゃぎすぎでないか。裁判は迅速解決のみでなく、事実関係が明確にされ、当事者の納得感も大事なのだから。

うつ病

昨今、企業の労務管理上の問題としてうつ病を主張する労働者が増加した。そして必然的に弁護士にもうつ病対策の相談事例が増加してきた。

私のうつ状態は通常人レベル

人間誰しも強気になったり、弱気になったりする精神のリズムがある。私も20年ほど前までは晩秋から春先までは弱気になって、自分は現在うつ状態になっているという自覚があった。私がうつ状態のときは、人に優しくなり、秘書には早く帰れと言っていた。もっとも秘書からは、私がいううつ状態というのは通常人の正常な精神状態と同じであると陰口を言われていたが。

私が躁状態のときは、仕事はバンバンやり、人には怒鳴り上げてでも自己主張を貫徹することで、仕事の処理も早く、数もこなした。ここ20年ほどはその躁うつのリズムが変化なく、一定のリズムで生活するようになった。これも加齢現象によるものだろうか。しかし、高齢者のうつ病が深刻になっているからそうも言えないだろう。

他方、「新型うつ病」として会社ではうつ状態、自宅では普通という人間が出現し、果たしてうつ病の実態や本質は何かと問われている。

うつ病問題で一番やっかいなのは、厳しく指導した結果、うつ状態に陥り、自殺される恐れである。自殺されたら後味が悪く、上司は自分を責めることになり、今度は自分がうつ病になる危険性がある。企業の担当者もおっかなびっくりの姿勢で弁護士に相談に来る。その心情はよく理解できる。

国は、精神病患者の社会復帰の一環として、一定の企業には一定の割合で精神疾患を伴う患者も従業員として雇用せよと行政指導している。他方では企業、組織は福祉事業をやっているわけではないから、労働生産性を高める必要がある。だからこそ担当者はそのジレンマに悩むのだ。

治癒証明書の活用

企業の就業規則には必ず、疾病のため休職した場合、治癒証明書がない限り自然退職するという規定がある。私はこの規定の活用を使えと企業には指導している。やむなく辞めさせる時は自然退職の道を選択すれば、労働訴訟になる確率は低下するからである。

うつ病の主治医は患者に寄り添って治療するから、どうしても診断が患者寄りになり、職場復帰の可能性が高いと診断書に書く傾向がある。私は、顧問先には必ず産業医の診断も受けさせよと指導している。産業医は主治医と異なり、患者に対してはクールに対処する傾向があるからである。

しかし、休職期間満了直前に現職復帰して、一週間もせずに再びうつ病により休職するという従業員がいると自殺の可能性も視野に入れなければならず、私も慎重なアドバイスに終始することになる。

アフターファイブと懲戒処分

会社の指揮監督権と社員のプライバシー

懲戒処分は、原則的には執務時間（労働時間）内の従業員の言動に対する制裁処分である。

しかし、労働時間外でも会社の信用を失墜させた場合は例外的に懲戒処分の対象となる。問題は、労働時間外のいかなる範囲まで制裁の対象となるかである。

労働時間は、労働者が使用者（会社）の指揮命令下に労働力を提供する時間を言う。労働者も24時間使用者に身を委ねているわけではない。労働者のプライバシーも尊重されるべきだ。問題はその利益調整をどうするべきかである。

二次会でのセクハラ行為

とある顧問会社の人事担当者がおそるおそる「忘年会の二次会で上司が部下の女性に抱きついたりしてセクハラ行為に及んだのですが、これは果たして懲戒処分の対象になりますか」と尋ねてきた。私はすかさず、その二次会は強制的か、任意参加かと尋ねると、「任意参加です」と言う。だからこそ人事担当者は悩んだのである。

被害に遭った女性従業員の夫も同じ会社に勤務しており、かんかんに怒っていると言う。強制参加であれば、たとえば会社主催の運動会に参加して怪我をすれば「労災事故」になるが、任意参加であれば結論は微妙である。

処分を断行

しかし私は、翌日、人事担当者に電話をして本件は懲戒処分で、少なくとも譴責処分にはせよと指示した。私の妻が被害者だったら許さないし、そもそも会社組織がセクハラ行為になんらの処分もしないのでは、女性従業員の士気にかかわる。労務管理は原理原則を貫徹すべしと常に指導している私の立場では、社内秩序を維持するには断固たる処分が必要と判断したからである。

担当者は一瞬私の回答に驚いていたが、一方でほっとしている様子も電話の背後に感じられた。その報告を聞いた会社上層部は、その上司を配置転換の上、降格処分にした。その会社は女性職員が多いのでセクハラ行為に対するケジメをつけるべしという強い決意の下に処分を断行したのである。

既婚者の社内恋愛と職場の秩序維持

懲戒処分は会社による労働力の支配と労働者のプライバシーの尊重という要素から慎重に判断をする必要がある。既婚者の社内恋愛に会社がどこまで干渉できるかも問題だ。女性従業員の夫から会社の社員の管理監督責任はどうなっているのだとクレームがつくと、人事担当者は悩む。私は、基本的には社員の恋愛関係には口出しするな、社内秩序の観点から秩序を乱すような場合に社内調査をするとしてもあまり口出しするなと指導している。通常人であれば、社内調査をしたと夫に回答すると、夫は納得して会社の責任を追及することは止める。後はその家庭で修羅場が発生することになるであろう。会社も従業員を大事にすることは必要だが、社員のプライバシーの尊重をも考えなければならないのだ。

裁判と労働運動①～団交への対応

旗幟を鮮明にする

労働問題では、弁護士は代理人として労働者側に就くか、会社（経営）側に就くか旗幟を鮮明にしなければならない。若い頃は、解雇された依頼者であれば労働者側に、顧問先の企業が労働裁判の被告であれば会社側の代理人になるのは当然だと思っていた。ところが経営法曹会や労働弁護団の弁護士に訊くと、「労働問題についてはどちらに就くか旗幟を鮮明にしないと、弁護士会の懲戒問題になる」と異口同音に言われて絶句したことがある。40年前は、労働問題がそれほどなく、私は労働問題に関わることはないと思っていたが、顧問企業が増加してくると必然的に「企業側弁護士」として旗幟を鮮明にせざるを得なくなった。私は司法試験で労働法を選択し、労働法は非常におもしろいと思って勉強したから労働問題は得意だ。

団交も信頼関係が前提

弁護士は労働問題で旗幟を鮮明にするばかりか、それぞれが経営法曹会、労働弁護団という団体まで作っている。私は組織が嫌いで、いずれにも属さず活動している。独立独歩のため自由を求めて弁護士になったにもかかわらず、「なぜ群れるのか」という疑問を根強く持っている。私は双方の機関誌を読んでいて、両者の思想、哲学、潮流を見分けているつもりだ。私の事務所で労使団交を開催する場合には、私は会社側の代理人として、常務取締役や総務部長を同席させて団交に臨んでいる。私のモットーは「女、子供を泣かせない」であって、弱い者いじめは絶対しないことである。しかし、労務管理上、企業秩序を保つためには「泣いて馬謖を斬れ」と指示することも多い。特に金銭的不正の場合にはなおさらだ。

団交で、労働者側が20～30年前の理論を主張すれば、「もっと勉強してきなさい。私の学生時代の理論展開では進歩がない」と反論する。しかし、団交も労使の信頼関係が基軸であるから、相手方に信頼感を与えられないと交渉はうまくまとまらない。「嘘はつかない。約束は守る」という信用第一をモットーにしていれば、自ずから労使協定はできるものだ。

団交にも仁義はある

時には権利主張ばかりで何のための交渉なのか意図不明の団交申し入れがある。そのとき私は組合に「何を、何のために団交するのか」と逆質問する。組合の存在意義を示すための団交申し入れであれば、私は団交を拒否する。それで問題になったことはない。とかくユニオン系の労組は組合の威勢を示すための団交の傾向が強いように思える。しかし、あるユニオンの労組とは絶対的信頼関係を構築しており、場合によっては電話でも交渉が成立する。場合によっては、裁判で労働者側が負けるとわかっていても、「せめてお慈悲を」と言われれば、それに応えるのも仁義である。

裁判と労働運動②～「監禁」までされた労働組合との闘争

団交決裂までの経緯

今回は、団交決裂後に監禁された私たちが110番をして解放されたケースを紹介する。

私の依頼者は、事業承継者がいない経営者から哀願されてM&Aで会社を買収し、株式譲渡代金や経営者に対する退職金も支払った。ところが、買収した会社は構造的な不況業種であることがわかり、いくら資金を投下しても経営を改善できそうもなかった。M&Aで買収する際にデューデリ（買収先の企業の資産、債務、経営の徹底的な事前調査）を周到にしなかったからこういう事態になったのだ。

親会社から機材や資金を投下しても効果はなく、このままでは親会社の存続も危うくなる可能性が高まった。そこで初めての弁護士への相談となった。社長は孤軍奮闘して会社の移転や事業領域の拡大策を講じたが、労働者側の反対で芳しくなく、社長が労働者側に「誰かこの会社の経営をする者はいないか」と相談しても誰も手を挙げない。そこで団交となり、私と親会社の専務が団交に出席した。労働者側はユニオンの親組織をはじめとする40人前後が出席し、交渉の主導権はユニオンの若き労働運動専従者にあった。私は、この会社の現状では経営改善はできないから、労使で更なる営業譲渡やM&A先を見つけようと呼びかけたが、反応は鈍かった。同業の経営者もこの会社の実情を知っており、誰も助けようとしないのである。

萬年弁護士監禁される!!

更に、労組が会社を占拠して銀行預金まで管理するようになった。私は社長にこのままでは会社を閉鎖して全従業員を解雇するしか現実的な対応手段がないと説明した。4～5回団交したものの、結局物別れとなった。私たちが帰ろうとすると、労組は私が乗っていた車を取り囲み、帰るのを妨害した。私は専務に110番に電話して警察を呼ぶように指示したが、「本当にいいのですか」と専務に訊かれた。私にとっても生まれて初めての110番だったが、躊躇なく専務に電話させると、警官が6～7人来た。私は警官に事情を説明したうえで、「労組のメンバーを逮捕する必要はないが、私たちの帰り道を確保してほしい」と伝えて、ようやく解放された。学生時代に団交や学生大会、内ゲバを経験していたからこそ、適確に判断ができたのだと思う。

結　着

その後、労組との間で互いに仮処分や仮差押合戦、訴訟をしてきたが、労働者側の会社占拠を解き、会社の土地建物も第三者に無事売却することができた。未払い賃金も支払い、あとは裁判で勝負することにした。裁判では一審、控訴審ともに会社側が全面勝訴し、労働者側に対する過払金返金請求も認容された。仮処分の審尋のときには、裁判官も会社側に同情し、こんな請求は解決金をある程度支払って早く解決した方がよいとまで言ってくれていたのである。

裁判と労働運動③～裁判外の活動

控訴審判決後、専務は私に「こういう事態を想定して、先生は団交を4～5回も重ねて会社の誠実性を裁判所に訴えていたのですね」と述懐していた。

対応の誠実さを心掛ける

私は学生運動をしていた頃からの習性で、常に戦略戦術を考えて事件処理にあたっている。会社としては労働者側に誠実に対処し、ともに考えて打開策を講じるようにしている。そのため、団交でも互いに忌憚なく意見を交換し、時には労働者側の組合幹部から「女房から『こんないい会社を貴方はまさか辞めないよね』と念を押されているのですよ」とまで言わしめた。これには私も感動して「だからこそ労使で協力し、ますますいい会社にして労働条件を改善しましょう」と言い、円満に労使協定を締結したことがある。その際、ユニオンの幹部も「私もいろんな会社をみているが、ここほど労働条件がよい会社はないですよ」と口添えしたから円満解決したのである。

この会社の労使団交にはいろんなエピソードがある。部下を殴った上司が団交の場で土下座して謝罪したとき、私とユニオンの幹部はそんなことはするなと制止し、私が部下に「人生の若輩者が上司に生意気な言動をするから、あなたは殴られたのだ。仲直りの握手をしなさい」と言って、和解に導いたこともある。その後、このユニオンの幹部とは信頼関係が成立し、団交に限らず諸問題を解決してきた。

裁判所外で行う労組の活動

ところが、ユニオンによっては、自己の存在価値を示さんがために、労働者を扇動することがある。裁判をしていても、組合の存在や関係する政党の存在価値を示威するために種々の活動をする。私は政党やセクトの支援拡大運動は昔から大嫌いであった。彼らが主義主張を堂々と訴え、我々がそれに共感するから我々はセクトに参加するのではないか。私は昔から組織に加入したことはなく、学生時代もノンセクトで、セクトに加入したことはない。

問題は、裁判で争っているときに裁判所外で行う労働運動の位置づけをどうするかである。私は、それは、結局のところ政治活動や一般の労働運動に過ぎないのでないかと思う。裁判官は外部の運動に影響を受けずに論理的に権利確定をしている。勿論、裁判官もマスコミ報道で問題の情況をみて、それを裁判に生かす努力はするであろう。しかし、日本の裁判官はあくまでも、当事者の裁判での主張や立証で価値判断をしているのである。それが世論とずれているときもままあるが、それは価値判断の差だ。

私は団交の際に監禁された経験から、裁判と労働運動の関係について考えさせられた。そうした労働運動は所詮組織や政党の支援拡大の方策に過ぎず、裁判に有利な結果をもたらすことはないと思っている。

裁判と労働運動④～労働組合のスタンドプレイ

私の着眼点

前回も書いたように、街宣やビラ撒き等の労働運動が裁判に与える影響はほとんどないと思う。それではなぜ裁判のために労働運動をするのか。それは当事者となっている労働者を支援すると同時に、組織の団結力を強化するためである。私も学生運動をしていたから、その目的や機能はよく理解している。

労働事件では、会社側も労働者側もそれぞれの内部事情が露顕する。私は会社に、労組側や労働者側の事情を可能な限り収集して私に報告するよう指示し、それらの情報をもとに戦略戦術を構築している。そうすれば問題の核心や解決策が見えてくるのである。

私は労組やユニオンの思想系列にも注目している。面と向かって連合系か日共系かと尋ねてもなかなか回答は得られないが、あなたの組合の顧問弁護士は誰かと訊くと答えてくれる。その顧問弁護士の思想系列から連合系、日共系、新左翼系かを判別する。その結果で解決策を講じるようにしているが、大体間違いのない結果が得られる。

労働者が置いてけぼりになるケースもある

権利主張一点張りの組合では、いつの間にか肝心の労働者が会社を辞めて団交が中止になったこともある。このケースでは、組合が労働者保護より、組合や政党の主義主張を優先していることに嫌気がさして、労働者が会社と組合を辞めたのである。

私が過去に担当した労働裁判には、ある労働者夫婦（原告）が労組の種々の行事に引き回されて疲れ切り、夫婦ともに会社を辞めてしまったケースがある。自分たちは労働組合に利用されていると感じて辞めたのだ。妻が裁判闘争に夢中になり、離婚する羽目になったケースもあった。

全共闘時代の経験をふまえて

私は全共闘世代であるから、武装闘争に突入するべきか否かの議論のときに、友人の多くが武装闘争に躊躇したことを何度も見てきた。自分の人生をこの闘争にかけていいのか、他の選択肢はないのかについて、皆、真剣に考えて議論をしてきた。東大闘争の安田講堂立てこもりで機動隊と対峙したとき、特攻隊の如く自己を犠牲にしていいのか、それは単なる自己満足ではないのか、社会運動としてそれは生産的組織的活動と言えるのか、更には、日本赤軍の仲間殺しが果たして正しい運動なのか、なぜ仲間殺しまでやる必要があるのかなどと、それらの問題点を突き詰めていった結果、全共闘運動は崩壊したのだ。

労働運動も根は一緒である。私は学生時代のときと同様、労働者は本件問題をどのように考え解決しようとしているかを常に考えながら、戦略戦術を立てている。労働運動は基本的に裁判の勝敗には関係ないと思っている。

パワハラ

徒弟教育とどう違うのか

昨今、パワハラ問題が賑わっている。私が昔から疑問に思っていたのは、パワハラと徒弟教育の違いである。どの分野でも徒弟教育は必要だ。ホンダの創業者である故・本田宗一郎氏は、若い頃、スパナを持って部下の従業員を追いかけ回して徒弟教育をしていた。追いかけられた従業員で、後にホンダの社長になった人々は口々に「本田の親父からスパナを持って追いかけられた時は本当に恐ろしかった」とは言うが、誰も本田氏の悪口は言わない。それは本田氏流の愛情ある徒弟教育であると理解していたからであろう。

私は、20年程前に、あるテレビ局から「パワハラ特集」に会社顧問弁護士として出演してくれないかと要請を受けたことがあった。私はその時ディレクターに「徒弟教育とパワハラの区別の基準は何であるか」と質問すると、その特集は没になった。

上司の困惑

私は、パワハラは「いじめ」と定義している。厚労省の検討会の報告書には、パワハラとは、①優越的な関係を背景とした言動、②業務上必要な範囲を越えた言動、③身体的、精神的な苦痛を与えられ就業環境が悪化し能力の発揮に重大な悪影響を生じる、の3つの要素を満たすものと定義づけしているが、それは私の言う「いじめ」であるか否かに尽きる。

昨今はマスコミの影響のせいか、パワハラの相談が増えた。確かに受け手の方が神経質だと、上司や同僚の言動をパワハラだと主張するケースが多い。しかし、上司は部下を叱咤激励して組織の機能を高める必要がある。昨今の若い人は、職場や上司との飲み会にも参加せず、上司は部下の徒弟教育をする機会が激減している。そんな情況下で、部下を大声で怒鳴って徒弟教育をしてはいけないとなると、多くの上司は一体どうしたらよいかと迷っていることであろう。

再び問う!!　徒弟教育は組織には必要だ

パワハラの裁判では、過労死や不必要に社員を精神的、肉体的に追い込んだケースが問題となっている。それは論外であるが、日常的に組織内で問題とされるパワハラとは一体どんな場合であろうか。私がパワハラ問題で調査する際に、パワハラ加害者と目される人から「この言動が本当にパワハラですか」と反問されるケースが増加してきた。パワハラ告発者の文面上では確かにパワハラのように見て取れるが、当事者に事情を聞いてみると、プライドの高い被害者の自尊心を傷つけた可能性はあるものの、それは客観的にパワハラとは言えないケースが多い。

確かにパワハラとは受け手の感情問題が多分に影響するが、それをすべて違法なパワハラと判断していたら、組織の秩序維持や徒弟教育はできないであろう。私は、徒弟教育は絶対に重要かつ必要であると考えており、いじめにならない程度の叱咤激励は必要だと思っている。

マタハラ

「私、妊娠したから解雇していいですよ」と言われた

少子高齢化の進展とともに若年者の未婚率が高くなっている。そういう情況下では女性が妊娠出産することは非常に重要なことで、周囲もそれを祝福すると同時に、妊婦を大事にしてあげなくてはならない。私も今まで女性弁護士6人を雇用してきたが、ある女性弁護士から「私、妊娠したから解雇していいですよ」と言われた時は驚いた。彼女は生まれも育ちも良く、私に迷惑をかけまいとの考えから出た言葉だと思っている。弁護士村の住民たちは、日頃革新的な言動をしている私がこの女性弁護士をどう扱うのかと鵜の目鷹の目で私を見ていると思ったから、「絶対に君をクビにしない」と断言したものの、実のところ彼女の処遇をどうしたらよいか悩んでいた。

弁護士業とママの両立

私の親しい左翼系の弁護士に相談すると言下に「その女性弁護士の給与を下げて労働時間を短縮してやれ」と言う。私は「左翼弁護士がそんなことを言っていいのか」とただすと、彼は「俺のパートナーも左翼系事務所にいたが、妊娠、出産、育児で事務所に迷惑をかけたにもかかわらず、給与は下がらなかったので、逆に心苦しかったと言っている。そうすることが女性弁護士への本当の優しさだ」と言う。

私もそうだと思い、給与を下げたうえで、朝９時から午後４時30分までが弁護士、４時30分を過ぎたらママに変身させることにした。事務所の弁護士や依頼者、顧問会社には、彼女に用があるときには午後４時30分までに連絡するように言った。これで女性弁護士は従前どおり弁護士業務に励むことができるようになった。

「ママが絶対」と職場の秩序維持

私は、子どもが特に幼児のころは母親が絶対だと思っている。小学校から帰ってきて「パパ、ただいま」と呼ぶ子はいない。「ママは？」と言ってママを慕うのが子ども心である。それゆえに、妊娠、出産、育児をする女性にとって職場環境は大事である。他方で、そういう女性社員の存在で職場環境に変化が生じ、同僚や上司にそのしわ寄せがくるのも事実だ。

上司の妊婦に対する「妊娠もよいが、職場に迷惑をかけないように」というような発言は「マタハラ」になるのか。その調査をすると、上司の前述の言葉が妊娠は迷惑だという非難の言葉に該当するのか疑問に思った。私は、その上司の発言は通常の組織人としての言葉であり、互いに協力して職場秩序を維持していこうとの決意表明にすぎないと思う。それが妊娠を非難していると批判するのはあまりにも被害者意識が強すぎるのではないだろうか。確かに一見すると妊娠を非難しているように聞こえるが、妊娠、出産、育児によって職場に迷惑をかけるのは事実であるから、そのような発言は許されると思う。もっとも、その口調が非難めいていて嫌みたっぷりだったら問題だが。

私は今のマタハラの論調は行き過ぎではないかと思う。皆で協力して職場環境を守っていく姿勢が重要だ。

セクハラ①〜迅速かつ誠実な対応がポイント

私はセクハラ問題については厳しく指導する。女性や子供など弱い者いじめをするのは大嫌いである。

そして私は二人の娘の父親でもあるから、女性がセクハラ被害に遭うと、私の娘が被害者だったら私はどうするだろうか、と常に感じてしまう。


泣いて馬謖を切れ!!


ある会社の忘年会で盛り上がり、女性従業員が帰宅しようとしたら、上司がタクシーで自宅まで送ってやると言ったのでそれに甘えた。ところが上司はそのままラブホテルに直行し、女性従業員をホテルの部屋に拉致したのである。女性従業員は、部屋に入るとトイレに駆け込み、中から鍵をかけて閉じ籠もって籠城作戦に出た。上司がやっとあきらめたので、女性従業員は一目散にラブホテルから脱出して自宅に逃げ帰った。

翌日、朝一番に女性従業員は社長に電話をし、レイプ未遂事件を申告し、刑事告訴すると同時に会社に使用者責任を問うた。社長は直ちに私の所に相談に来た。社長も娘を持つ身であるから、女性従業員の訴えは人ごとではなかったのである。

私は社長に、その上司は断固として懲戒解雇にすべしと強調した。社長はその上司をかわいがっていたので、裏切られた思いがあった。私は労務管理の要諦は信賞必罰であり、「泣いて馬謖を切る」のたとえを実践せよと強く指導した。

社長は私の事務所からその足で女性従業員の自宅に赴き、頭を深々と下げて謝罪し、会社の責任として慰謝料も支払う用意があると言明した。勿論、上司は懲戒解雇する旨も附言した。女性従業員は社長の誠意に感じ入り、会社に対する請求は取り下げる旨告げた。女性従業員は、刑事告訴は維持すると言明はしたものの、後日上司が懲戒解雇された事実を知ると刑事告訴も取り下げた。

私は、この社長の迅速な行動と女性従業員に対する誠実な言動が、女性従業員の気持ちに通じ、解決に導いたものと理解した。

「いじめ」かどうかが区別の基準

これからは女性社員をいかに戦力化するかに企業の成長はかかっている。単なる補助職ではなく、女性社員に男性同様の権限を持たせ、自由闊達に働いてもらわなければならない。企業もやっとそういう意識になって、役員や重要ポストに女性を活用することになってきている。いい傾向である。

女性は基本的に真面目であり責任感も強いことから、仕事をどんどん任せた方がよい。そのためには職場環境として、セクハラという性的言動で女性社員をいじめることは絶対に許すべきではない。

私は、セクハラやパワハラの基準は「いじめ」であるか否かと考えている。したがって女性社員に「今日の洋服はきれいだね」という言葉がセクハラではないことは当然である。あまり神経質にならず「いじめ」に該当するか否かで決めればよいだろう。

セクハラ②～部下の若い女性に誘われたとき

部下とラブホテルに行ったら労働局が出てきた

部下の若い女性から「ねえ、ラブホテルに一緒に行こう」と誘われたら、上司である貴方はどうされますか。その誘いに乗ってラブホテルに行った男がセクハラで訴えられた。訴えた先は会社や警察ではなく、「労働局」であった。労働局から顧問先の会社に問い合わせがあり、担当者は慌てて私のところに相談に来た。どうも内縁の男とその母親が労働局に駆け込んだようだ。

私は直ちに総務課に対し、全女性社員に「我が社にセクハラ文化があるか否か」をヒアリング調査をするように指示した。調査の結果、会社にそんな文化はない。現場の男性社員は自分の父や兄のような存在で、仮に体を触られたとしてもいやらしいと思ったことはないと、全ての女性社員が異口同音に言っていることが判明した。問題の男性社員からは「若い娘からラブホテルに行こうと言われて断る男がいますか」と反論された。私も若かったらそうだろうなと思い、総務課長には男性社員を懲戒処分にしないよう指示した。

労働局が私のところに電話してきたが、私は「セクハラであれば会社や警察に訴えればよいのになぜ労働局なのか」、「これはセクハラではない。これをセクハラとして調査すれば恥をかくのは労働局の方だ」と反論した。労働局は「東証一部上場会社の顧問弁護士がそんなことを言っていいのですか」と迫ったが、私は「労働局は名誉の撤退をした方がいいのではないか」と言って、電話を切った。

労働局は、私の主張によりさらに被害者側を調査したらしく、二回目の電話では、「先生の言われるように労働局は本件の調査は終了します」と言って事件は終わった。

鍵は内縁の夫と母親

私は、これが本当にセクハラであれば、家族が会社に強硬に抗議し、場合によっては警察に被害届を出すはずなのに、なぜ労働局なのかと疑問に思っていた。だから、労働局を通じて会社に圧力をかけて慰謝料を請求するのが狙いではないかと疑い、会社に徹底抗戦を命じたのである。その後ラブホテルに誘った女性は、会社の同僚女性社員の冷めた視線に耐えかねて会社を辞めてしまった。

私はセクハラの定義を「自分の妻や娘がいやがる言動」としている。私も父親であるから、娘を恋人以上にかわいいと思っているので、いつもそう言っている。

セクハラの調査では、男性が何かのはずみで女性の体に触ってしまい女性から抗議を受けたとしても、その男性はきょとんとしていることがある。女性は触られたという被害者意識が強いが、男性側には必ずしもセクハラをしたという認識はないのだ。痴漢冤罪で真面目な男性が無罪判決を求めて闘い、無罪となったケースを見てもわかる。本件は被害者と称する女性ではなく、その内縁の夫と母親が労働局に訴えたというところに、私の疑問の原点があった。

萬年浩雄（Hiroo Mannen）
福岡県立明善高等学校卒業、慶應義塾大学法学部卒業
福岡県弁護士会　弁護士（34期）
九州大学大学院法学研究科修士課程終了（修士論文「当番弁護士　いま何が問題か」）

【著書】
『当番弁護士――いま何が問題か』（福岡県弁護士会）、『弁護士だからできること』（リヨン社）、『人を動かす「人間力」の磨き方』（民事法研究会）、『熱血弁護士の事件ファイル１』（三和書籍）、『「人間力」の伸ばし方』（民事法研究会）

【萬年総合法律事務所】
〒810-0042　福岡県福岡市中央区赤坂１丁目15番33号　ダイアビル福岡赤坂３階
TEL　（092）751-5006（代表）
https://mannen-sougou.jp/
E-Mail :mannen@hh.iij 4 u.or.jp

嘘はつかない、約束は守る　第２集 年をとるから見えるもの

2022年２月28日　初版第１刷発行

著　　者　萬年浩雄
発 行 者　井田僚子

発 行 所　LABO
〒100－0013　東京都千代田区霞が関１－１－３　弁護士会館地下１階
TEL　03－5157－5227　FAX　03－5512－1085
発　　売　株式会社大学図書
〒101－0062　東京都千代田区神田駿河台３－７
TEL　03－3295－6861　FAX　03－3219－5158
編集担当　渡邊　豊
印 刷 所　日本ハイコム株式会社
カバーデザイン　やぶはなあきお

ISBN978-４-904497-49-４ C2032 ￥2300E